PENSO E ACONTECE

PENSO E ACONTECE

O poder de transformar as suas ideias em realidade

BOB PROCTOR e GREG S. REID

CITADEL
Grupo Editorial

2022

Título original: *Thoughts Are Things – Turning Your Ideas Into Realities*

Penso e acontece

4ª edição: Maio 2022

Autores:
Bob Proctor
Greg S. Reid

Tradução:
Ana Paula Silveira

Copidesque e revisão:
Paula Santos Diniz
3GB Consulting

Criação e diagramação:
Dharana Rivas

DADOS INTERNACIONAIS DE CATALOGAÇÃO NA PUBLICAÇÃO (CIP)

P964p Proctor, Bob.
Penso e acontece / Bob Proctor, Greg S. Reid. – Porto Alegre : CDG, 2018.
208 p.

ISBN: 978-85-68014-63-9

1. Desenvolvimento pessoal. 2. Motivação. 3. Sucesso pessoal. 4. Autoajuda. I. S. Reid, Greg II. Título.

CDD – 131.3

Produção editorial e distribuição:

CITADEL Grupo Editorial
contato@citadel.com.br
www.citadel.com.br

ELOGIOS PARA *PENSO E ACONTECE*

"Bob e Greg formam uma ótima equipe – o legado de Napoleon Hill continua!"

– BRIAN TRACY, autor de *best-seller* internacional.

"Uma excelente reflexão sobre como as pessoas criam suas próprias realidades."

– DAVE LINIGER, cofundador da RE/MAX
(organização internacional de agências imobiliárias).

"Este livro tem a capacidade de impactar muitas vidas ao redor do mundo."

– DR. DENIS WAITLEY, autor, notável palestrante e consultor de produtividade.

"Quando você está pronto para mudar tudo em sua vida, você tem que mudar seus pensamentos, que controlam suas ações e seus resultados. Este livro é por onde você começa."

– JIM STOVALL, autor do *best-seller The Ultimate Gift* (O presente definitivo).

"Que livro ótimo. Eu o recomendo."

– FRANK SHANKWITZ, cofundador da Fundação Make-a-Wish.

"Este livro é um exemplo fantástico de aplicação dos ensinamentos clássicos de Napoleon Hill."

– LES BROWN, O Motivador.

SUMÁRIO

PREFÁCIO

Pensamentos. Apenas uma função do cérebro ou os gatilhos iniciais para a transformação de vida?

Desde nossa primeira respiração, os pensamentos estão conosco, fazendo-nos companhia nos momentos bons e ruins e despertando sentimentos, desejos e sonhos. Ainda que muitas vezes não reconheçamos a sua importância, a verdade é que os pensamentos são fundamentais para a vida humana. Tudo o que hoje existe antes de tudo foi apenas uma ideia, um pensamento, um "estalo na mente".

Sabemos que nossas mentes são poderosas e têm capacidades incríveis de funcionamento, e temos todos os dias a escolha de fazê-las funcionarem a nosso favor ou contra nós. Todas as mudanças que desejamos fazer em nossas vidas, em quaisquer áreas, devem começar em nossos pensamentos, para depois tomarem forma no mundo físico.

Existem inúmeros exemplos de pessoas que conseguiram mudar suas vidas através do pensamento, alguns deles citados neste livro, como Bruno Serato, que começou a carreira como imigrante italiano lavador de pratos e hoje é chef de cozinha renomado e proprietário de um dos melhores restaurantes do mundo.

Entretanto, é importante mencionar que o sucesso de Bruno e de outras pessoas que você conhecerá mais à frente não se limitou à sua capacidade de ter bons pensamentos; deveu-se principalmente às suas atitudes em relação a eles. Os pensamentos são uma parte imprescindível do sucesso de uma pessoa, mas, se não forem combinados com a ação, de nada servem.

Napoleon Hill foi um dos pioneiros no estudo sobre os pensamentos como fatores essenciais para a construção do sucesso de uma pessoa ou organização. Em seus vinte anos de pesquisa com as maiores mentes de sua época, ele construiu a conhecida Filosofia da Realização, que conta com treze princípios individuais que funcionam como um "guia para o sucesso". Esses princípios serão mais bem explicados no decorrer da obra.

Um empresário brasileiro que se inspirou nas obras de Napoleon Hill para conquistar o seu objetivo de vida e exerce um trabalho de grande valor para a sociedade através da internet é Jader Menezes, CEO e fundador do *site* O Segredo, um dos maiores portais online de desenvolvimento pessoal do Brasil na atualidade.

A ideia do projeto surgiu quando Jader estava em um momento difícil da vida e decidiu buscar ajuda. Ele recorreu à internet e percebeu que, mesmo vivendo em uma era tecnológica, não existiam muitas opções de conteúdos positivos e motivadores *online*. Estabeleceu, então, um objetivo para si mesmo: criar um portal no qual as pessoas pudessem ter à disposição textos que tratassem da positividade, do poder do pensamento.

Começou, então, a jornada em busca de seu objetivo. No caminho, encontrou muitos desafios e passou por problemas e imprevistos. No entanto, nada o fez desanimar, porque sempre acreditou que, quando realmente desejamos manifestar um pensamento e agimos em sua direção, o universo conspira a nosso favor.

O Segredo começou como uma página no Facebook, com publicações diárias. Com o grande sucesso do projeto na rede social, Jader sentiu que chegara o momento de mudanças de abordagem e, após testes de usabilidade, identificou que um *website* era realmente a melhor plataforma para comunicação com o seu público.

Então, novamente ele foi desafiado, mas sua mentalidade positiva o manteve firme em seu caminho, e seus pensamentos o ajudaram a atrair para sua vida pessoas dispostas a contribuir com a evolução do seu projeto, o que foi fundamental para levá-lo tão longe.

O Segredo se tornou o *site* sobre espiritualidade mais acessado do país e, no ano de 2018, registrou uma média de quarenta milhões de acessos ao mês, além de estar presente no *top* 100 páginas mais curtidas da internet brasileira. O projeto está em constante evolução e, atualmente, conta com mais de sete redes sociais, que servem de apoio ao *site* e são acompanhadas diariamente por milhões de pessoas que encontraram no projeto de Jader, mais do que apenas leituras edificantes, uma nova maneira de enxergar a vida e vivê-la.

Jader foi um pioneiro no ramo de atuação de sua empresa na internet, implementou muitas coisas novas que serviram de inspiração para projetos que vieram depois, mas, quando as coisas estavam apenas começando, nada era garantido, e mesmo assim ele não desistiu. Sua determinação muito lembra a da Dra. Gladys Taylor McGarey, cuja história é contada nesta obra.

McGarey também foi uma grande pioneira. Viveu em um tempo em que as coisas eram mais difíceis para as mulheres e, mesmo sendo disléxica, conseguiu triunfar. Jader começou seus projetos na internet com um *notebook* emprestado e hoje tem um *site* que inspira mais de 10 milhões de pessoas ao redor do mundo. O que eles têm em comum? A crença de que têm em si mesmos o poder de criar a própria realidade, começando pelos pensamentos.

Penso e Acontece é uma leitura essencial para todos aqueles que buscam uma maneira concreta de alcançar seus objetivos. Ressaltando a importância do pensamento para a mudança de vida, mostra diversos casos de sucesso que nos ensinam a agir sobre nossos pensamentos e ressalta a importância de acreditarmos sempre em nosso próprio potencial.

Abra a mente para tudo o que é ensinado nesta obra e você estará mais perto da vida que deseja! Uma boa leitura!

INTRODUÇÃO

"Penso e acontece" são as três primeiras palavras da obra sobre o sucesso *Quem pensa enriquece – Edição oficial e original de 1937* e representam o ponto de partida de toda realização. Você já teve uma boa ideia? Claro que sim! Mas você já ganhou dinheiro com algumas de suas boas ideias?

Os negócios mais bem-sucedidos são criados resolvendo um problema ou atendendo a uma necessidade. O pensamento inicial provoca seu espírito empreendedor e, instantaneamente, cria a propriedade intelectual que pertence a você. Conforme definido pela Organização Mundial da Propriedade Intelectual, "*Propriedade intelectual* refere-se às criações da mente, tais como: invenções; obras literárias e artísticas; projetos e símbolos, nomes e imagens usadas no comércio". É o ativo intangível que resulta do intelecto humano, criatividade, inovação, experiência, e da reputação e da boa vontade criadas pelos relacionamentos com os outros.

Há algumas décadas, o valor da maior parte dos ativos corporativos dos Estados Unidos era de ativos tangíveis, tais como propriedade, maquinaria e equipamento. Os intangíveis, como propriedade intelectual, representavam aproximadamente apenas 20% do valor dos ativos corporativos. No entanto, em 2005, essa proporção de ativos corporativos tangíveis e intangíveis basicamente se inverteu: o valor de mercado do S&P 500 era de aproximadamente 80% de ativos intangíveis. De acordo com o Departamento do Comércio dos Estados Unidos, "a economia inteira depende de alguma forma de propriedade intelectual, porque praticamente todas as indústrias a produzem ou usam".

Em outras palavras, o futuro de nossa economia depende da propriedade intelectual desencadeada por pensamentos empreendedores! Já não precisamos de grandes quantidades de capital para iniciar e construir um negócio. Com essa mudança na importância da propriedade intelectual combinada com a facilidade de comunicação fornecida pela internet, nunca foi tão fácil criar um negócio em torno de suas boas ideias.

O sucesso do meu negócio veio da criação de propriedade intelectual relacionada a produtos educacionais como livros e jogos, e então da construção de negócios para distribuí-los. Eu tive o prazer de trabalhar intimamente com o meu marido maravilhoso, Michael Lechter, que é reconhecido internacionalmente por sua especialização em propriedade intelectual.

Uma vez que você pensa em uma maneira de resolver um problema ou atender a uma necessidade, você pode também querer colocar certos mecanismos legais de proteção (coisas como patentes, registros de marca e de direitos autorais, e acordos contratuais) e você irá querer criar o sistema que permitirá que você encontre a solução ou forneça o serviço. Esse sistema cria o seu negócio... um negócio que nasceu dos seus pensamentos.

Este livro foi escrito para você no momento certo. Ele compartilha as histórias de algumas pessoas incríveis que não apenas criaram negócios de sucesso usando esse modelo, mas também causaram significativos impactos positivos em suas comunidades no processo. Enquanto você lê as histórias delas, mantenha um caderno por perto, assim você pode registrar os pensamentos que vêm à sua mente!

O seu próximo pensamento pode acender seu espírito empreendedor, criando propriedade intelectual para você... e o início do seu próximo negócio. Aqui está a sua ideia de um milhão de dólares!

- Sharon Lechter, CPA CGMA, autora de
Pense e enriqueça para mulheres

APRESENTAÇÃO

Você é o mestre do seu destino. Você pode influenciar, direcionar e controlar o próprio ambiente. Você pode fazer da sua vida o que quer que ela seja.

– NAPOLEON HILL

Todos os anos têm seus pontos altos: realizações e avanços que deixam uma marca indelével sobre a história e sobre a sociedade como um todo.

O ano de 1937 não foi exceção. Na verdade, considero um dos anos mais significativos em toda a experiência humana.

Foi o ano em que vimos o lançamento do primeiro longa-metragem animado de Walt Disney... o surgimento de um novo artista emocionante e polêmico chamado Pablo Picasso... e a conclusão da Ponte Golden Gate (localizada no estado da Califórnia, Estados Unidos). O *nylon* foi patenteado em 1937, e Howard Hughes fez sua viagem recorde de costa a costa. Foi também o ano em que *O hobbit* estreou, assim como *Sobre ratos e homens* e *Out of Africa* (Fora da África).

Notáveis como são, entretanto, não foi nenhum desses marcos que fez de 1937 um momento histórico tão importante, em minha opinião. Foi a publicação de um livro inovador, que continuaria a influenciar profundamente dezenas de milhões de vidas até hoje e, sem dúvida, mais do que isso.

A história por trás da criação desse trabalho milagroso é uma das mais fascinantes do início do século 20 – uma que capta perfeitamente o dinamismo quase mitológico, o entusiasmo e o espírito de possibilidades da época.

Tudo começou na mente do grande magnata do aço e filantropo Andrew Carnegie. A história de Carnegie foi a última sobre ascensão social. Nascido pobre na Escócia, emigrou para os Estados Unidos com seus pais, ainda menino, e finalmente cresceu e se transformou no empresário mais rico de sua época, fundando a empresa que acabaria por formar um dos pilares da US Steel (siderúrgica americana).

Carnegie sabia o que tinha feito para alcançar sua enorme riqueza e sucesso e tinha uma teoria. Estava convencido de que o grande êxito envolvia fazer determinadas coisas de certa maneira. Acreditava que essas determinadas coisas eram o denominador comum compartilhado por todas as pessoas bem-sucedidas. E ele estava convencido de que, se elas podiam compreender e projetar uma fórmula passo a passo, qualquer pessoa, de qualquer antecedente ou circunstância, poderia se tornar rica e bem-sucedida simplesmente a seguindo.

Então ele recrutou o auxílio de um jovem repórter para ajudá-lo a provar sua teoria e talvez mudar o mundo no processo.

Em 1908, esse repórter, chamado Napoleon Hill, foi *design*ado para entrevistar o grande dono de indústria como parte da série de sua publicação sobre homens bem-sucedidos. Originalmente prevista para durar três horas, a entrevista durou três dias e três noites inteiras.

Ainda mais notável do que a duração da entrevista foi a oferta que Carnegie fez a seu visitante quando o encontro chegou ao fim:

> Meu jovem, se você estiver disposto a trabalhar para mim, de graça, por vinte anos, eu lhe enviarei a uma missão para conhecer os mais poderosos e influentes líderes de nosso tempo. Durante esses encontros, você descobrirá e criará a primeira fórmula para o sucesso pessoal.

Era uma proposta atordoante, do tipo que muitos não teriam coragem ou visão de aceitar. No entanto, Hill não era qualquer um. Ele foi, de algum modo, capaz de compreender, em questão de segundos, o incrível potencial da oportunidade diante dele – tanto para ele quanto para o mundo. Ele olhou o homem diretamente nos olhos e disse: "Sr. Carnegie, não apenas aceito sua proposta, como também prometo que vou cumpri-la".

Hill não sabia naquele momento, mas ele não era o primeiro a receber a notável proposta de Carnegie. Mais de 250 homens tinham sido convidados a aceitar a oferta pouco convencional daquele importante homem.

Ele foi, entretanto, o primeiro a aceitá-la.

Ele também não percebeu, até mais tarde, quão crucial tinha sido a sua decisão sobre o assunto. Defensor da ação, Carnegie decidiu confidencialmente que daria a seu convidado apenas sessenta segundos para decidir depois que a proposta tivesse sido feita. Ele sabia o que o trabalho envolveria e não queria enrolação. Quando Hill saiu do escritório, seu anfitrião tirou do bolso o cronômetro. Ainda faltavam 31 segundos.

Claramente, Carnegie tinha encontrado seu homem.

Ele havia prometido fornecer a Hill uma carta de recomendação para os titãs da época, assegurando-lhe que, quando aqueles homens vissem quem o tinha enviado lhe dariam todo o tempo necessário. Fiel à sua palavra, ele deu ao jovem autor acesso aos cérebros dos grandes líderes de pensamento da época, incluindo Thomas Edison, Henry Ford, Alexander Graham Bell e os Rockefellers.

Hill entrevistou todos eles – e mais centenas – durante um período de muitos anos, moldando ao longo do caminho a fórmula que Carnegie havia imaginado. Em 1937, quase vinte anos após partir em sua missão, ele publicou suas constatações no que se tornaria um dos livros mais vendidos e influentes de todos os tempos – *Quem pensa enriquece – Edição oficial e original de 1937*.

Nesse esboço, Hill apresentou a destilação de tudo o que havia aprendido sobre o que *design*ou como a Filosofia da Realização. Essa filosofia consistia em treze princípios individuais, ou em "chaves para o sucesso," que incluem:

1. Definição de propósito
2. O poder do MasterMind
3. Como ir mais longe
4. Fé aplicada
5. Uma personalidade agradável
6. Autodisciplina
7. Atitude mental positiva
8. Entusiasmo
9. Iniciativa pessoal
10. Aprendizagem com a adversidade e a frustração

11. Visão criativa
12. Pensamento preciso
13. Força cósmica do hábito

Hill teorizou que essas chaves desbloqueariam a porta do sucesso vitalício, da abundância e da realização para qualquer um que as dominasse. Era uma promessa tentadora, claro, mas logo ficou claro que havia uma substância real por trás disso. Pessoas que fielmente aplicaram os princípios descobriram que, vejam só, eles trabalharam exatamente como Hill disse que deveriam. De fato, era uma fórmula para o sucesso: sólida, confiável e disponível a todos que a desejassem.

A teoria de Carnegie foi comprovada... e nasceu um mito.

É quase impossível exagerar o impacto que *Quem pensa enriquece – Edição oficial e original de 1937*. No momento da morte de Hill, em 1970, já tinha vendido vinte milhões de cópias. Hoje esse número é estimado em cerca de 110 milhões e não leva em consideração os milhões desconhecidos que receberam o livro de outra pessoa, ou adquiriram em sebos ou em bibliotecas. É um dos pilares do movimento moderno do autocrescimento e foi creditado abertamente como a inspiração por trás de muitas das corporações, organizações e carreiras mais bem-sucedidas no mundo.

Meu primeiro encontro com esse livro de mudança de vida ocorreu em 1961, mais de meio século após a primeira reunião decisiva de Hill com Andrew Carnegie. Considerando o estado em que estava minha jovem vida, um amigo mais velho e muito mais sábio (a quem me apressei a ver, como um tipo de anjo da guarda) me entregou uma cópia de *Quem pensa enriquece – Edição oficial e original de 1937* e sugeriu fortemente que eu o lesse.

Minha vida nunca mais foi a mesma.

Até aquele momento eu estava, em uma palavra, perdido. Tinha um emprego que não estava me levando a lugar algum. Tinha um montante de dívida que eu não podia imaginar ser capaz de pagar. Eu não tinha planos ou qualquer tipo de ambição. Não tinha visão de um futuro significativamente diferente ou melhor do que a situação em que eu estava.

Quem pensa enriquece – Edição oficial e original de 1937 mudou tudo isso instantaneamente. Por meio dele, meus olhos se abriram para um universo de possibilidades de cuja existência eu não tinha absolutamente nenhuma consciência. E o maravilhoso "aha" no núcleo de tudo isso foi a compreensão de todo o potencial ilimitado que se enquadra na minha mente – mais especificamente, o enorme e extraordinário poder dos meus *pensamentos*.

Agora, isso não era algo que eu já considerasse antes. Na medida em que eu ponderava o "porquê" por trás de minhas circunstâncias, eu me vi da mesma forma que muitas pessoas no mundo se veem: como uma vítima. Eu não imaginava que pensaria na bagunça em que estava. Certamente nunca me ocorreu que pudesse pensar na minha saída dela.

Essa compreensão acendeu uma paixão profunda e feroz em mim. Fiquei ávido, procurei e encontrei o máximo de informações possível sobre o tema do autodesenvolvimento. Encontrei-o em outros livros, como o imortal *As a Man Thinketh* (Você é o que você pensa), de James Allen, e a obra-prima de Wallace Wattles *A ciência de ficar rico*. Encontrei-me com mentores, como o lendário "reitor do desenvolvimento pessoal" Earl Nightingale e seu parceiro de negócios, Lloyd Conant, com quem depois trabalhei em sua empresa pioneira, a Nightingale-Conant.

E repetidamente, a cada oportunidade que tinha, eu relia o livro que havia dado início a tudo: *Quem pensa enriquece – Edição oficial e original de 1937*, de Napoleon Hill.

Quanto mais eu preenchia a mente com esses conceitos, mais rica minha vida se tornava. Materialmente, para ser claro. Dentro de um ano de leitura do *Quem pensa enriquece – Edição oficial e original de 1937*, minha renda anual passou de US$4.000 por ano para US$175.000. Depois de três anos, aumentou mais de US$1 milhão. Comprei e vendi companhias em países ao redor do mundo, escrevi *best-sellers*, apareci em filmes e em programas de televisão, dei consultoria para as principais organizações do mundo, orientei líderes de nações e obtive grandes recompensas financeiras por meus esforços.

Mas desde aquele dia tanto tempo atrás "enriqueci" de muitas outras formas: na consciência e na compreensão; na amizade e no amor; na liberdade – na maravilhosa liberdade que vem ao perceber que eu, não qualquer pessoa ou qualquer outra coisa, tenho o poder de definir meu próprio destino. O mais recompensador de tudo, enriqueci no incrível conhecimento de que fiz parte ao ajudar muitos outros a encontrar essa liberdade maravilhosa e também a realizar seus sonhos.

O fogo que *Quem pensa enriquece – Edição oficial e original de 1937* acendeu em mim por todos esses anos nunca diminuiu e ainda queima até hoje. Por meio do Instituto Proctor Gallagher, minha sócia e cofundadora, Sandy Gallagher, e eu, juntamente com nossa dedicada equipe, lutamos todos os dias de inúmeras maneiras para, nas palavras de nossa declaração de visão, "melhorar a qualidade das vidas globalmente, elevando a qualidade dos pensamentos individualmente". Situada no coração dessa visão, inspirando-a e orientando-a, com certeza está a mensagem fundamental de sucesso mental autodirigido de Napoleon Hill.

Tudo isso é para dizer que os *pensamentos importam*. Eles importam imensamente. Um único e poderoso pensamento pode criar um efeito dominó que toca e transforma mais vidas, de várias maneiras, do que você poderia imaginar.

Napoleon Hill viveu numa época de líderes de pensamento excepcionais cujos nomes nos enchem de admiração e respeito até hoje, e cujas realizações continuam a influenciar nossas vidas diariamente.

Contudo, nossa época também está repleta de tais visionários e realizadores. Eles são os beneficiários, direta ou indiretamente, da filosofia de Hill – homens e mulheres que vieram da época em que o mundo e a cultura já estavam cobertos com a ideia de que, dentro da própria mente magnífica, está o potencial de ser, fazer e ter *qualquer coisa* que se possa imaginar ou desejar.

Nos próximos capítulos, encontraremos alguns desses líderes. Vamos analisar suas realizações, os pensamentos por trás delas e as diferentes formas pelas quais esses pensamentos estão se refletindo no mundo, impactando e transformando vidas muito além das suas, moldando nosso futuro assim como os líderes de Hill moldaram os deles.

Conforme você descobre esses líderes, escuta suas histórias e tira inspiração de suas realizações, lembre-se disto: *o que eles fizeram você também pode fazer*. Você não tem que olhar para fora de si para encontrar o poder de fazê-lo. Você já o tem. É o poder do pensamento, o poder da sua *mente*. Para libertá-lo, você precisa simplesmente acreditar e agir.

Então... comece. Comece agora. Nas palavras do meu grande mentor e inspirador, Napoleon Hill, "Não espere, o momento nunca será o 'ideal'".

CAPÍTULO 1

A MENTIRA DA SORTE

Homens bem-sucedidos tornam-se bem-sucedidos somente porque adquirem o hábito de pensar como tais.

– NAPOLEON HILL

O mundo está repleto de indivíduos que magicamente parecem atrair o sucesso. Parece que a oportunidade surge subitamente e os encontra, sem precisar que procurem por ela. São os Carnegies e os Fords de ontem, e os Trumps e os Gates de hoje.

Algumas pessoas acreditam que esse tipo de sucesso é sorte. Mas a verdade é que cada indivíduo que criou sucesso de forma consistente seguiu um padrão de fazer as coisas certas na ordem certa. O sucesso deixa vestígios, e, quando estudamos esses "empreendedores em série", podemos recuar e identificar os padrões que habitualmente aplicaram para cada um.

Napoleon Hill já abordou esse assunto com Andrew Carnegie quando perguntou: "Não é verdade que o sucesso é frequentemente o resultado da sorte?". Os pensamentos de Carnegie sobre o assunto eram caracteristicamente diretos: "Se você analisar a minha definição de sucesso, verá que não há elemento de sorte nela. Um homem pode, e às vezes acontece, receber oportunidades por simples chance ou sorte, mas costuma deixar essas oportunidades na primeira oposição que aparece".

Ou seja, as oportunidades podem se apresentar de forma aleatória e sem razão aparente, mas o sucesso não pode ser alcançado somente agarrando uma oportunidade. Devem-se seguir certos princípios de forma habitual a fim de criar sucesso a partir dessas oportunidades.

Carnegie era, com certeza, seu próprio caso em questão. O dono de indústria, magnata do aço, investidor, vendedor e estudioso sabia que seu extraordinário sucesso era devido não à sorte, mas sim à sua aplicação consistente do mesmo conjunto de princípios de sucesso para cada nova oportunidade que surgia.

Trey Urbahn também reconhece que estar no lugar certo quando a oportunidade se apresenta é uma vantagem. Mas, como Carnegie, não é esse tipo particular de "sorte" que credita ao seu sucesso. É a habilidade de identificar essa oportunidade, agir sobre ela e aplicar certos princípios a fim de maximizá-la.

Ele esteve nos bastidores de algumas empresas incríveis, incluindo JetBlue Airways, OneSky e Azul Linhas Aéreas Brasileiras. Dentre suas realizações mais notáveis, no entanto, está a fundação do *site* de descontos em viagens Priceline.com.

Reflita sobre os sucessos de Trey, e um padrão torna-se prontamente aparente.

ENCONTRANDO OPORTUNIDADES FAZENDO O QUE VOCÊ AMA

Quando perguntado sobre o fator determinante na busca de qualquer empenho profissional, Trey diz que o dinheiro nunca foi uma consideração para ele.

“Nunca fui atrás de dinheiro. Eu busquei oportunidades. Sempre fiz o que gostei, e houve momentos em que percebi que não estava fazendo o que eu gostava e fiz algumas mudanças na vida quando isso aconteceu.”

Os antecedentes de Trey no setor aéreo não limitaram as oportunidades que ele explorou e aproveitou. Estar envolvido na fundação da Priceline proporcionou-lhe uma oportunidade única de ultrapassar sua zona de conforto e expandir seus horizontes. Embora ainda tivesse raízes no mundo da indústria aérea que lhe era familiar, sua singularidade e força vieram do fato de que a empresa era baseada na internet – um conceito relativamente novo na época.

"Foi o ponto zero da bolha da internet. Jay Walker teve uma ideia para trazer o comércio para o seu lado. Na época, eu tinha uma empresa de consultoria e surgiu a oportunidade de trabalhar com Jay. Meu conhecimento era no ramo da aviação, então basicamente construímos a Priceline como comércio direcionado ao comprador, indo às companhias aéreas para ver como poderíamos conseguir bons preços. Foi uma época em que as pessoas olhavam na internet e diziam: "Isso vai mudar o mundo".

Seu empreendimento provou fazer exatamente isso.

"Partimos de uma ideia, que era vender passagens aéreas até o seu pico, e vendemos trinta mil passagens por dia. Estávamos impactando significativamente a ocupação das companhias aéreas, que eram nossos principais clientes. Algumas não participaram inicialmente – nós começamos com duas companhias aéreas, e, depois de passar uma tonelada de negócios a eles, outras participaram."

Embora a Priceline se concentrasse inicialmente no setor de companhias aéreas – um setor em que Trey contribuiu com seu conhecimento, experiência e relacionamentos –, a empresa acabou se expandindo para o setor de hotéis, mas ainda manteve o foco principal no setor de viagens, permitindo obter conhecimento e habilidades em novas áreas e, fiel ao seu padrão, encontrar e atuar sobre novas oportunidades nessas áreas.

Como muitas vezes acontece quando uma ideia nova é apresentada ao mundo, as pessoas inicialmente pensaram que Trey e sua equipe estavam loucos. Mas ele podia reconhecer a oportunidade e o fato de que era o momento certo. Eles tiveram uma visão, entregaram essa visão com articulação e entusiasmo, e seu entusiasmo e crença provaram ser contagiosos. Logo as pessoas quiseram seguir sua energia.

"Há casos na vida e pessoas inteligentes que nunca conseguiram encontrar a oportunidade certa. Acho que parte disso é que, se você faz o que gosta, é mais provável de acontecer do que se você perder o estímulo que o faz ir ao trabalho todos os dias."

Esforçar-se em um trabalho que você odeia não permitirá que nenhuma oportunidade espetacular bata à sua porta, principalmente porque você está muito preocupado com a sua insatisfação para poder vê-la. Mas quando, como Trey, você tiver paixão e um interesse genuíno por seu negócio, as oportunidades de que você precisa aparecerão para você – de uma maneira que pode parecer "sorte", mas é, de fato, a ordem natural do universo.

TRABALHE SEUS PONTOS FORTES, CONTRATE SEUS PONTOS FRACOS

O que faz uma ideia ou pensamento mais bem-sucedido do que outro: a ideia em si, a sua execução ou uma combinação de ambas? A experiência de Trey sugere que é algo diferente.

> Eu diria que tive muitas ideias na minha vida, algumas das quais executei bem, e outras, não. O que aprendi é que a melhor ideia é aquela que cresce com a participação de outras pessoas, porque você começa com uma ideia, e a capacidade de executá-la por si só é sempre limitada. Então, cerque-se de pessoas em quem você confie para resolver os 90% que são realmente uma boa ideia e pegue os dez por cento que precisam de algum trabalho e avance em uma direção diferente. Você precisa de pessoas para ajudá-lo a resolver qual porcentagem é boa ou ruim.

Ou seja, não se apaixone profundamente por sua ideia original a ponto de se tornar inflexível. Esteja aberto a melhorias e sugestões. Inúmeras ideias potencialmente fantásticas foram tão embaladas e protegidas por seus geradores, devido ao medo de serem alteradas além do reconhecimento, que nunca viram a luz do dia. Considere a possibilidade de que a sua ideia pode ter tanto pontos fortes quanto fracos. Então, reúna a coragem para cercar-se de pessoas que dizem o que você precisa ouvir, e não o que você quer ouvir.

Trey conhece seus pontos fracos, então ele faz questão de se cercar de pessoas que o complementam e equilibram. Como resultado, ele se torna mais forte.

> Contrate sempre pessoas melhores que você. Às vezes é difícil de fazer, mas é sempre um objetivo que vale a pena. Trabalhei para companhias grandes e pequenas, e você encontrará pessoas que se definem por si mesmas porque têm medo de contratar pessoas que vão superá-las. Essas pessoas raramente acabam brilhando. São as pessoas que podem canalizar o gênio dos outros à sua volta que acabam fazendo as coisas acontecerem.

Ele se refere a essa estratégia como "trabalhando seus pontos fortes e contratando seus pontos fracos". E é um dos segredos de seus sucessos múltiplos.

Napoleon Hill definiu um gênio como "aquele que tomou total posse de sua própria mente e a dirigiu para objetivos de sua própria escolha, sem permitir influências externas para desanimá-lo ou enganá-lo". Conhecendo seu objetivo e buscando participantes que possam ajudá-lo a melhorar sua ideia ou plano, Trey criou um modelo de sucesso baseado no benefício mútuo, que ele pode reproduzir repetidamente.

Há muitas pessoas por aí que estão prontas, dispostas e capazes de ajudá-lo a executar seus pensamentos e ideias e torná-los sua realidade. Contando com a ajuda dessas pessoas, você está dando a elas uma chance de revelar seus pontos fortes e de participarem da sua oportunidade e do seu eventual sucesso. E quando você ajuda alguém a escalar uma montanha, você também está subindo mais alto.

SUCESSO GERA SUCESSO

Como qualquer um que o tenha alcançado vai lhe dizer, o sucesso não pode ser atribuído à sorte. Aqueles que desfrutam de múltiplos sucessos seguem um padrão comum. Sabem o que amam fazer e usam sua experiência e perícia para gerar novas ideias e negócios. Seu sucesso não é um jogo de acaso em que eles desafiam as probabilidades, e sim a implementação intencional de princípios de sucesso que foram empregados por lendários líderes de pensamento ao longo dos tempos. Quando você aplicar esses princípios comprovados, o sucesso inevitavelmente gerará sucesso.

Aprender a reconhecer a oportunidade quando ela bate à porta, como os fundadores fizeram quando tiveram a oportunidade de participar da criação da Priceline, é uma chave essencial para conseguir o sucesso. A verdadeira marca do sucesso não está na oportunidade – mas sim no que você faz com essa oportunidade.

Ela está batendo sempre à porta. Comece a fazer as coisas certas na ordem certa, e você começará a ouvi-la.

CAPÍTULO 2

SUPERANDO OS OBSTÁCULOS PARA A AÇÃO

A ação é a medida real da inteligência.

– NAPOLEON HILL

Quando Napoleon Hill disse "penso e acontece", ele estava esclarecendo o fato de que qualquer um que já recebeu alguma coisa que queria começou pensando nisso. Sendo assim, por que algumas pessoas agem sobre suas ideias, enquanto outras não fazem isso? Por que os pensamentos são simplesmente formas de passar o tempo ocioso para alguns, enquanto, para outros, são as sementes da extraordinária realização?

O Dr. Srini Pillay, professor clínico assistente de psiquiatria na Universidade de Medicina de Harvard, tem uma perspectiva única e valiosa sobre essa questão. O Dr. Pillay é um pesquisador de imagem cerebral que tem estudado o cérebro por mais de dezessete anos em um laboratório no Hospital de McLean, o maior hospital psiquiátrico de Harvard, eleito consistentemente um dos três principais hospitais psiquiátricos dos Estados Unidos, onde também atuou como diretor do Programa Ambulatorial de Transtornos de Ansiedade.

Como resultado de seu extenso tempo gasto em trabalho clínico e pesquisa, o Dr. Pillay também criou uma empresa chamada Grupo NeuroBusiness, a primeira organização do gênero que ajuda as pessoas, tanto no mundo corporativo quanto fora, a superar obstáculos psicológicos e a perceber o seu maior potencial, usando métodos orientados para o cérebro, comprovados por pesquisa. Essa companhia sensacional foi eleita uma das Vinte Melhores Condutoras no Desenvolvimento de Liderança no Mundo em 2013 pela Training Industry.

Além de ser extremamente qualificado para falar sobre o cérebro de um ponto de vista profissional, Srini também é um testemunho vivo do fato de que os pensamentos se tornam realidade e um especialista – dada sua experiência pessoal – em superar os obstáculos que podem impedir o processo.

Exemplo disso: quando perguntado sobre como ele chegou a Harvard, Srini respondeu com naturalidade: “Eu liguei para eles”. E foi exatamente o que ele fez! Quando percebeu que queria ir para Harvard, ele realmente pegou o telefone e ligou. Após perguntar pelo diretor de Harvard, e então pelo reitor, antes de finalmente entrar em contato com o chefe do Departamento de Psiquiatria, enviou seu *curriculum vitae*, foi entrevistado por telefone e, duas semanas depois, recebeu uma ligação informando que estava dentro. O resto é história.

Agora deve-se dizer o que Srini tinha feito especificamente bem antes de dar esse telefonema. Já era um dos melhores alunos de medicina, pianista, poeta e atleta. Mas, como ele salientou, havia provavelmente muitas outras pessoas com credenciais similares. A diferença foi que, assim que teve esse pensamento, ele *agiu*.

Ele explicou que, do ponto de vista biológico, para que ocorra uma ação, a ação cerebral (ou córtex motor) deve ser ativada. Para passar da ideia ou pensamento à ação, você deve estar engajado no pensamento, o bastante para torná-lo uma prioridade. Seu compromisso veio ao reconhecer que ele simplesmente não suportava a situação em que estava e da qual precisava sair. Quando ele reconheceu que realmente precisava escolher onde iria fazer sua residência em psiquiatria, a determinação de fazer essa mudança compensou o fato de estar preso na mesma situação antiga na África do Sul – tanto assim que seu cérebro simplesmente o levou a ligar e a deixar o país.

Esse tipo de situação na qual você conscientemente diz para o seu cérebro por que a circunstância atual não é boa e o futuro é muito mais desejável permite que você faça um acordo com ele para mudar. Na verdade, os estudos mostram que esse tipo de "prós do futuro" e "contras do agora" (o que ele chama de "pesar a ação") ativa o córtex frontal esquerdo e aumenta seu compromisso de mudança e as chances de você não voltar ao que estava fazendo. Pessoas bem-sucedidas, para quem os pensamentos se tornam ações, sempre pesam a ação. E aqueles que não o fazem têm dificuldade em convencer seus cérebros a agir.

No entanto, a pergunta permanece: por que algumas pessoas agem sobre seus pensamentos, enquanto outras não? Conforme a pesquisa de Srini demonstrou, existem de fato alguns obstáculos que podem interferir na evolução do pensamento para a realidade.

A boa notícia é que, para cada um desses obstáculos, há também um método facilmente aplicável para superá-los.

COMECE PELO FIM

Para começar, Srini apontou um sutra antigo (truísmo), de *Os yoga sutras de Patanjali*, que afirma que o desejo e a sua realização são contínuos, separados apenas pelo tempo e lugar. De acordo com Srini, para reduzir a distância entre os dois, simplesmente temos que nutrir as condições certas em nossos cérebros para agir.

Uma das principais razões pelas quais alguns não agem sobre seus pensamentos é que eles negligenciam a mudança de seu *mindset* em direção ao seu objetivo desde o início. No momento em que uma pessoa bem-sucedida tem um desejo, ela começa a se comportar como uma pessoa que já realizou esse desejo. Por exemplo, pessoas bem-sucedidas que desejam ser bilionárias começarão a pensar como se já possuíssem os bilhões muito antes.

Se você quer se tornar médico ou dançarino, tem que pensar, sentir e trabalhar como médico ou dançarino antes de se tornar um. É a única maneira de chegar lá.

De acordo com Srini, há muita neurociência para atestar essa perspectiva. Neurologicamente falando, os pensamentos são impulsos ou padrões elétricos no cérebro. Nós os experimentamos em palavras ou imagens, mas são simplesmente elétrons que fluem em um circuito. Esse circuito do "pensamento" deve se conectar ao "fazer" ou ao circuito de ação para que os pensamentos se tornem realidade. Ele faz isso com mais facilidade se nos imaginarmos já tendo alcançado o objetivo, porque efetivamente nossa imaginação programa o GPS do cérebro com um destino. Quando isso acontece, o cérebro então mapeará a rota para esse destino.

Por que, então, muitas pessoas se imaginam em um cruzeiro, mas nunca conseguem viver isso? Ou imaginam estar apaixonadas pela pessoa perfeita, mas nunca conhecem ninguém? Ou sonham com o dia em que podem perder peso e nunca conseguem? Segundo Srini, é porque existe uma maneira correta e errada de empregar a imaginação a serviço de um objetivo.

> "Pense em atletas experientes", disse ele. "Os cientistas estudaram seus cérebros e sua psicologia há anos e descobriram algumas coisas incríveis." Quando as pessoas se imaginam levantando pesos mais pesados, elas conseguem. Quando elas se imaginam nadando, aumentam a flexibilidade das articulações. Os exemplos não têm fim. Mas há uma fórmula para imaginar. As pessoas que agem usam essa fórmula, enquanto outras desistem de forma prematura porque perdem a confiança. Atletas experientes raramente perdem a confiança, e isso é devido ao imaginário que eles aprendem a usar. Dois tipos de imaginário são os melhores para aumentar a confiança desde o início: imaginar a superação da adversidade ou seu avanço, e imaginar a execução de sua ação mais temida (p.ex., o saque no tênis ou uma tacada no golfe) impecavelmente. Não é a imagem de segurar o

troféu no final o que aumenta a confiança, mas a imagem do progresso, de ganhar de virada.

Algumas pessoas, depois de ganhar confiança, ficam ansiosas quando começam a imaginar que estão em direção a seus objetivos. Então elas param de imaginar prematuramente. Estudos mostram que a imagem real faz a diferença. Quando você imagina na primeira pessoa, ativa o cérebro com mais força, mas também causa mais ansiedade.

Para lidar com essa ansiedade, Srini sugere mudar para uma perspectiva de terceira pessoa, em que é possível observar uma imagem real distanciada de si mesmo na situação. Imagine, por exemplo, campeões de atletismo. Eles, ao se imaginar na terceira pessoa, se verão alinhados na linha de partida ou correndo na pista, ou ainda alcançando a linha de chegada primeiro. Na primeira pessoa, eles vão apenas imaginar a pista na frente deles. Ambos os tipos de imaginário são excelentes para o seu cérebro. Começar em terceira pessoa e, em seguida, mudar para a primeira pessoa pode ajudar a reduzir a ansiedade.

Entretanto, Srini adverte que:

> Nada disso importa se você realmente não acreditar no seu objetivo. Quando você acredita em sua imagem-pensamento, seu cérebro tentará

desenvolver uma resposta a isso. Por exemplo, se eu pedir que você imagine que está girando a mão em vinte graus, o centro de ação do seu cérebro disparará como se estivesse realmente fazendo isso. Mas se eu pedir que você imagine girar 270 graus, seu cérebro simplesmente ficaria estacionado. Nenhuma ativação. Nenhuma ação. É porque o seu cérebro não acredita que isso seja possível. Quando você não acredita que algo é possível, seu cérebro não desperdiça tempo tentando. É por isso que a missão da minha vida é expor as pessoas à ciência do que é possível, de todas as formas que eu puder.

A conclusão? Aqueles que agem se atrevem a imaginar, *e* eles imaginam de uma maneira muito específica.

PERCA SUAS ILUSÕES

A procrastinação é outra barreira comum na trajetória do pensamento à realidade. Srini explicou que, na verdade, existem vários tipos de procrastinação – entusiasmo, evasão e indecisão –, e cada um pode ser útil ou prejudicial.

Os procrastinadores *do entusiasmo* esperam até o último minuto para fazer as coisas porque gostam da correria de última hora. Isso pode ajudá-lo quando você precisa de pressão, mas pode prejudicá-lo no longo prazo. Você está basicamente obtendo um elevado estresse e, embora possa gostar, seu coração e cérebro não aguentam tanto.

Os procrastinadores *de evasão* evitam a tarefa em questão porque não aguentam fazê-la. Isso pode ser bom se eles realmente não precisarem fazer, mas, se a fizerem, torna-se problemático. Se você tem que ter uma conversa difícil com seu cônjuge, por exemplo, adiar isso só pode piorar as coisas.

Já os procrastinadores *indecisos* não conseguem descobrir o caminho a seguir para uma ação, então eles simplesmente não decidem, pensando que, ao não decidir, talvez nunca tenham que agir. Isso pode ajudar se você não tiver que decidir, mas e se você tiver? Alguém, em um relacionamento de longo prazo, que hesita infinitamente sobre a decisão de se casar, por exemplo, corre o risco de terminar sozinho.

Para ajudar a reduzir a distância entre um pensamento e sua manifestação, você deve saber qual tipo de procrastinação está no seu caminho e encontrar uma maneira diferente de obter o benefício que você experimenta ao procrastinar. Se você é um procrastinador do entusiasmo, encontre uma maneira menos prejudicial de obter o êxtase, como a meditação. Em essência, você deve substituir o que ativa o centro de recompensas do cérebro para que a recompensa da procrastinação seja vencida.

Subjacentes a todos esses diferentes tipos de procrastinação estão o que Srini chama de "nossas estimadas ilusões". Uma delas, talvez a mais perigosa, é o perfeccionismo. As pessoas veem o perfeccionismo como o padrão ouro dos campeões – o segredo por trás de todas as conquistas superiores. Não é. Na verdade, ele acredita que o perfeccionismo pode realmente atrasar o cérebro. Um exemplo extremo é o do transtorno obsessivo-compulsivo (TOC), em que as pessoas ficam presas em suas obsessões e não conseguem prosseguir até estarem 100% seguras. No entanto, mesmo um perfeccionismo leve pode inibir seriamente o crescimento e o sucesso.

"Se houvesse uma coisa que eu pediria para as pessoas perderem para permitir que os pensamentos se tornassem as coisas que são", diz Srini, "seria o perfeccionismo." Nós realmente precisamos entender mais profundamente que os campeões e as pessoas bem-sucedidas são assim porque não estão presos em seu perfeccionismo. Além de ser ótimo, eles também se recuperam mais rapidamente. Se você é alguém que sai do trilho ao tentar perder peso, então você pode parar completamente de tentar, em vez de desmembrar seu objetivo, ou mudá-lo. Se você falhar ao alcançar seu objetivo, redirecione, redirecione, redirecione. A recuperação envolve aprender rápido, perdoar a si mesmo e seguir em frente. Se você quer que seus pensamentos se tornem realidade, concentre-se em aprender a arte da recuperação. É tão importante quanto ser excelente.

"O perfeccionismo é uma ilusão que o atrasará e impedirá que você alcance seu objetivo. Quando você se perceber sendo perfeccionista, pergunte-se se está usando tempo suficiente na prática da recuperação."

O FATOR MEDO

Por mais de dezessete anos, Srini estudou o medo no cérebro. Ele também viu centenas de pessoas para quem o medo tem sido um sério obstáculo para a realização e a felicidade. "As pessoas pensam que é tudo controle do pensamento, e não é. O fato é que, se estamos estressados e com medo, nossos pensamentos estarão fora de nosso controle e nunca se tornarão realidade."

O estresse refere-se ao distúrbio da atividade cerebral coordenada que ocorre quando, por exemplo, você teve uma briga com seu cônjuge ou abriu sua caixa de entrada e deu de cara com pedidos e demandas impossíveis. As pessoas com quem isso acontece frequentemente fazem um acordo oculto com elas mesmas de que seu objetivo é simplesmente superar o dia. Elas até se convencem de que não têm pensamentos sobre o sucesso ou, se o têm, não têm interesse em que esses pensamentos se tornem realidade. Se você sofre desse estresse e então tem que passar por uma avaliação de desempenho, ou visitar seus sogros, ou encontrar amigos em um restaurante enquanto estiver em uma dieta, nenhuma redefinição ou reorientação o levará ao seu objetivo. De fato, tentar controlar seus pensamentos só piora as coisas.

Então, o que você faz? Uma opção eficaz é praticar o que os cientistas chamam de *introspecção emocional*, e o que os médicos chamam de *atenção plena* (*mindfulness*). Simplificando, isso envolve colocar sua atenção em sua respiração e permitir que seus pensamentos sejam apenas a eletricidade que são, sem atribuir significado a eles. Faça isso por vinte minutos, duas vezes ao dia, e você poderá realmente mudar a maneira como os neurônios conversam uns com os outros em seu cérebro, tornando-o muito mais propenso a cooperar na conversão de seus pensamentos em realidade.

Outra opção é enfrentar o estresse. A chave aqui é transformar sua sensação de estresse de algo vago, esmagador e assustador em algo concreto e controlável. Perceba exatamente o que está estressando você – escreva cada item em um papel até que esvazie sua cabeça e não consiga pensar em nada mais –, tire uma ou duas dessas coisas, se puder, e então tente controlar seus pensamentos redefinindo ou reorientando-o. Uma vez que você o fizer, seus pensamentos poderão ser controlados o suficiente para reduzir sua ansiedade (e reduzir a ativação em sua amígdala, ou o centro de ansiedade do cérebro) e então se tornarão realidade.

Você também precisa ter certeza de que está articulando seus pensamentos de forma a possibilitar que o seu cérebro atue sobre eles. Como diz Srini, "Precisamos pensar nos pensamentos como blocos de construção. Eles precisam ser de forma e tamanho certos, para que possamos transformá-los no que queremos". Ele continua explicando que um pensamento, quando inicialmente ocorre, é realmente uma intenção, e que existem dois tipos de intenções no cérebro: intenções de objetivo e intenções de execução. Intenções de objetivo são amplas: "Eu quero perder peso", ou "Eu quero ficar rico". Esses são excelentes pontos de partida, mas muitas vezes são muito grandes ou inespecíficos para que o cérebro faça qualquer coisa com eles. Você deve convertê-los em intenções de execução para que seu cérebro os transforme em realidade.

Em vez de uma intenção geral de "perder peso", por exemplo, enquadre o pensamento em termos específicos e direcionados, como: "Quero perder dois quilos e meio neste mês, indo à academia na segunda e sexta-feira, todas as semanas, às 8h da manhã". Quando você surge com pensamentos como esse, eles se tornam incríveis blocos de construção para os seus objetivos, e o cérebro se torna muito mais cooperativo.

Muitos estudos já comprovaram que as intenções de execução são superiores às intenções de objetivo, aumentando as chances de os pensamentos se tornarem realidade, especialmente se você fala sério e não apenas os pronuncia. Uma forma de dar mais força às suas intenções é transferir os pensamentos de uma lista de tarefas para o seu calendário, com um lembrete. O cérebro tem muito o que fazer em qualquer dia. Ajudá-lo dessa forma realmente fará com que ele o atenda e queira ajudá-lo a atingir seus objetivos.

PULE ESTE CIRCUITO

Se você achar que, apesar de todos os seus esforços, seus pensamentos ainda não estão fazendo progresso, pode ser que a sua mente tenha obtido exatamente o hábito oposto – presa em um circuito que a mantém em uma rotina de não realização.

Um renomado estudo realizado há muitos anos ilustra esse fenômeno. Nele, um grupo de psicólogos se reuniu para observar o comportamento de crianças e notou algo estranho. Quando as crianças estavam em seus berços, elas brincavam com seus brinquedos e depois os jogavam longe. Elas começavam a chorar. Suas mães recuperavam o brinquedo e devolviam a elas. Elas batiam palmas e ficavam felizes. Então suas mães se viravam, e elas jogavam o brinquedo novamente.

Os pesquisadores denominaram esse tipo de comportamento como *compulsão de retenção*, e ele é exercido em todos os tipos de cenários. Existem mesmo algumas evidências que sugerem que estamos programados para isso. Quando ficamos presos em um circuito de decepção, simplesmente tentamos nos tornar cada vez melhores com a decepção em vez de "saltar" para o circuito de realização.

Um mecanismo-chave para quebrar esse ciclo é fazer girar a lanterna do sistema de atenção do seu cérebro, de "sobreviver" para "prosperar". Isso, de acordo com Srini, leva à *ciência da possibilidade*, que é sua teoria básica, baseada em anos de pesquisa do cérebro e observação da maneira como as pessoas se comportam nos níveis mais profundos.

Ao converter os pensamentos em realidade, ele diz, você deve pensar em termos de possibilidade, e não de probabilidade – como as *exceções* o fizeram, não o que a maioria das pessoas experimentou. Como as pessoas de inteligência média acabam com carreiras de grande sucesso? Como as pessoas que vêm da mais baixa pobreza se tornam ricas e financeiramente livres? Essas são as perguntas certas a se fazer. Dizer "como posso fazer isto quando eu tenho essas adversidades?" provavelmente irá fazer seu cérebro bloquear e procurar consolar você. Na verdade, é possível que você nunca tente o suficiente, porque tem medo de falhar.

Essa falta de esforço é chamada de autoimpedimento, e quase todos os que Srini viu ao longo dos anos estão presos dentro disso até certo ponto. Eles têm medo de tentar duro o bastante porque se sentirão tolos se falharem, ao invés de se orgulharem por tentarem e por ficarem muito mais fortes e mais próximos do seu objetivo por tentar.

Lembre-se: toda prática é um julgamento valioso se você aprender com ela.

UM CHECKLIST PARA CONCRETIZAR OS PENSAMENTOS

Srini forneceu uma lista de alguns dos fatores que ele descreveu acima para ajudá-lo a lembrar o que você pode fazer para aumentar as chances de seus pensamentos se tornarem realidade:

- Avalie a situação para ativar o córtex frontal esquerdo.
- Comece tendo o fim em mente para ativar o GPS do seu cérebro.
- Imagine usar os princípios específicos descritos acima para ativar a ação cerebral.
- Saiba qual tipo de procrastinador você é para encontrar outra maneira de servir a si mesmo e substituir o que ativa o centro de recompensas do cérebro.

- Reduza o perfeccionismo para evitar que seu cérebro se paralise.
- Aborde o estresse básico antes do controle do pensamento, para estabilizar sua amígdala (cérebro sensível) e o córtex pré-frontal (cérebro pensante).
- Controle os pensamentos com atenção à respiração e, em seguida, use a redefinição e a reorientação para estabilizar seu cérebro pensante e sensível.
- Use as intenções de execução, em vez das intenções de objetivo, para ajudar a memória de curto prazo.
- Assimile a informação para que ela possa alimentar o centro de ação.
- Mude do circuito de "sobreviver" para o de"prosperar", redirecionando a lanterna do cérebro.
- Escolha a possibilidade sobre a probabilidade, para economizar energia no cérebro e ajudá-lo a descobrir onde procurar.

Você está falando sério sobre permitir que seus pensamentos se tornem realidade? Siga esses princípios básicos, e você terá um excelente começo.

CAPÍTULO 3

O PODER DA POSSIBILIDADE

Sua grande oportunidade pode estar onde você está agora.

– NAPOLEON HILL

Nos quase cem anos desde que Napoleon Hill escreveu *Quem pensa enriquece – Edição oficial e original de 1937*, o mundo mudou tremendamente. De cartões de crédito a telefones celulares para a tecnologia de informática que está presente em praticamente todos os aspectos da nossa atividade diária, os avanços humanos transformaram nossas vidas de forma dramática e, como parte integrante disso, tiveram impacto profundo nas empresas e nos produtos e serviços que elas oferecem.

Dadas essas mudanças e avanços, os princípios de sucesso que o Dr. Hill compartilhou conosco há quase um século ainda são aplicáveis e relevantes no ambiente de negócios de hoje? Quais os princípios que podemos transmitir às futuras gerações que resistirão à prova do tempo e contribuirão para o sucesso *delas*?

O pilar da filosofia de Hill é que a nossa capacidade de sucesso depende de uma coisa – o pensamento. Não importa quais mudanças estejam reservadas para a humanidade, esse fato nunca mudará. E, apesar de termos experimentado avanços tecnológicos notáveis, alcançar o sucesso através do poder do pensamento não requer necessariamente um avanço destrutivo. Às vezes, a oportunidade já está na nossa frente, apenas esperando que a melhoremos com nossos pensamentos e ideias.

É exatamente o que Doug Pick, presidente e fundador da Hearos Earplugs, fez. Ele viu potencial em um produto antigo, que não era particularmente excitante em sua superfície, e por meio da combinação de pensamento e ação conseguiu aproveitar esse potencial para criar um negócio extremamente bem-sucedido e ter a vida de seus sonhos.

VENDO O QUE OS OUTROS NÃO VEEM

Doug sabia que queria ser empresário aos 24 anos. À medida que ele contemplava várias ideias e oportunidades de negócios, um produto se destacava – os tampões de ouvido.

> "Meu irmão me apresentou o conceito de dormir com tampões de ouvidos. O que achei atraente é que existem demanda e necessidade que não vão desaparecer. Os tampões também são leves e consumíveis. Como um empresário com poucas economias, tive a oportunidade de entrar em um mercado que não estava dominado por conglomerados multimilionários."

Para ele, fazia todo o sentido, e ele lançou a Hearos Earplugs, em 1992. Hoje sua empresa é a maior varejista de tampões de ouvido no mundo. De acordo com Doug, as destilações irrefutáveis de sabedoria em *Quem pensa enriquece – Edição oficial e original de 1937*, quase cem anos depois de escrito, tiveram impacto ressonante em seu sucesso. Ele especificamente credita seu sucesso à sua capacidade de ver a oportunidade.

Ao criar a Hearos, Doug seguiu vários princípios de sucesso. Primeiro, manteve a mente aberta para as possibilidades que a maioria das pessoas não consideraria. Ele conseguiu isso perguntando a si mesmo: "Se a tendência é ir rio abaixo, e se eu for rio acima?". Sua fórmula para o sucesso é ver para onde as massas se dirigem e ir para o outro lado.

> Eu tenho uma mentalidade contrária à corrente. Estou em um negócio que os outros não viram nem

consideraram. Posso ver o que é possível, em vez de apenas o que já existe. Tentei encontrar o que é único, diferente e inovador sobre nossos produtos. A vanguarda da indústria é algo que existe há anos. Mas vi algo que não estava sendo feito.

Um princípio similar foi empregado por Harry Burt Jr. em 1920. O sorvete e o chocolate certamente não eram nada novos naquela época – eles já existiam e eram desfrutados havia anos. Então, em 1919, foi inventado o Eskimo Pie – o primeiro sorvete de baunilha com a inovação da cobertura de chocolate. Burt, dono de uma sorveteria em Youngstown, Ohio, adorou o conceito e o replicou em sua própria loja, mas sua filha considerou o deleite muito bagunçado. Isso fez surgir uma ideia. Simplesmente introduzindo um cabo de madeira na mistura, Burt criou uma novidade de sorvete portátil que não exigia uma tigela ou uma colher e não fazia bagunça. O sorvete no palito nasceu e estabeleceu as bases para a empresa Good Humor, que hoje é o maior produtor de sorvete e novidades congeladas.

As entrevistas originais de Hill mostraram que alguns dos maiores sucessos da história foram alcançados exatamente desta forma - pegando uma coisa simples, básica e existente e melhorando de algumas formas, muitas vezes pequenas, que transformaram sua utilidade, atrativo e lucratividade.

Como transformar uma ideia existente num negócio bem-sucedido que capta o interesse e a lealdade das massas? A resposta de Doug é esclarecedora:

"Venda o chiado do bife na chapa, não o bife, mas certifique-se de ter um bife de qualidade."

Ele encontrou um produto que existia havia anos, com propósito e valor conhecidos. Mas, para atrair o mercado que o tornaria referência para esse produto, ele teve que mudar a forma como as pessoas o percebiam. Em outras palavras, ele teve que conectá-lo aos tempos atuais.

"A chave que encontrei não é necessariamente inovar até o ponto em que você reconquiste consumidores com o que um produto pode fazer para eles, mas levar um produto que já existe e tem demanda, adicionando um pouco de alarde e melhorando a qualidade e a experiência de marketing."

Para fazer isso, Doug saiu do isolamento e criou um modelo de negócios inédito na época de Napoleon Hill. Não há nenhuma placa no prédio de cimento e tijolos repleto de dezenas de funcionários horistas da Hearos Earplugs. Ele trabalha inteiramente de casa, tem apenas dois funcionários e quase nenhuma despesa geral. Contudo, utilizando a tecnologia de hoje, ele pôde criar uma companhia com uma marca mundialmente reconhecida, que gera um milhão de dólares anualmente e vende para mais de quinhentas lojas.

E tudo começou com o maior dos ativos: um pensamento.

PENSAMENTO + AÇÃO: A FÓRMULA FINAL PARA O SUCESSO

Os princípios de sucesso compartilhados por Napoleon Hill e pelos grandes líderes de pensamento que ele entrevistou não têm nada de novo. As pessoas os seguiram por décadas. As ideias e os pensamentos não são novidade. Eles estão por aí desde os primórdios da humanidade. O que há de novo é como adotamos e adaptamos nossos pensamentos e ideias ao clima de negócios e aos desafios únicos de hoje, assim como o fez Doug Pick ao criar a Hearos Earplugs.

No entanto, tanto os empreendedores que você encontrará neste livro como o próprio Hill repetidamente nos relembram que a chave para o sucesso não é o pensamento, mas a ação que é tomada como resultado disso. Nas palavras do próprio Hill, "Primeiro vem o pensamento; então, a organização desse pensamento em ideias e planos; depois, a transformação desses planos em realidade. O início, como você observará, está na sua imaginação".

Doug está bastante concentrado em seus objetivos e está sempre encontrando maneiras inovadoras de manter seu produto e empresa relevantes em um mercado competitivo. Ele compartilhou a importância de tomar medidas e acompanhá-las para atingir o sucesso, mas, mais importante, enfatizou que o sucesso está diretamente relacionado aos pensamentos que nos influenciam. "Não ouça toda interferência sobre por que você não pode fazer. Apenas se concentre em por que você *pode* fazer.

O conselho de Doug ressoa com o último capítulo do Dr. Srini Pillay: focar seus pensamentos sobre as possibilidades, e não sobre os obstáculos. Pergunte a si mesmo "Por que não?" e "E se?". Os maiores obstáculos que você enfrentará virão ao arranjar desculpas em vez de agir.

Como você pode aplicar os princípios de sucesso do Dr. Hill e o fruto do pensamento como um aspirante a empresário no clima de negócios de hoje, como Doug Pick fez?

1. **Enxergue possibilidades.** Abra sua mente para as possibilidades que já existem. Como você pode adaptar um produto, serviço ou ideia existente para torná-lo relevante e atraente para o mercado de hoje? Em vez de dizer "Isso já foi feito", pergunte-se "Como posso fazer isso de maneira diferente? Como posso fazer isso melhor?". Mantenha o conselho de Napoleon Hill em mente: "Sua grande oportunidade pode estar exatamente onde você está agora".

2. **Veja o potencial.** Veja o potencial que os avanços tecnológicos criaram e como eles podem beneficiar sua ideia. A mudança é inevitável – portanto, você deve se manter a par das oportunidades e tecnologias de negócios atuais e as vantagens que elas

podem oferecer. Você pode usar a tecnologia moderna para criar um modelo de negócios inovador que lhe permita diferenciar a maneira como sua empresa é conduzida e como você entrega, comercializa e distribui seu produto ou serviço.

3. **Tome atitude.** A falta de ação causou o fim de muitas ideias e a perda de muitas oportunidades. Quando a semente é recém-plantada em sua mente, aja rápido para causar um pouco de alarde, e você pode evitar que ela escape. Isso é tão verdadeiro hoje como foi quando Hill disse: "A maioria das ideias nasceu morta e precisa do sopro da vida injetado nela por planos definitivos de ação imediata. A hora de nutrir uma ideia é no momento de seu nascimento. Cada minuto que ela vive dá mais chances de sobreviver".

4. **Seja persistente e paciente.** Muitos empreendedores bem-sucedidos adotaram a teoria de Hill de que a paciência e a persistência fazem uma imbatível combinação de sucesso. O sucesso não é um processo automático. Ele requer diligência, atenção e disposição de investir tempo para aperfeiçoar suas ideias.

Como os tampões de ouvido, esses conceitos não são novos ou inovadores. Eles foram implementados por professores e alunos de sucesso ao longo dos tempos e criaram negócios inovadores. Eles podem ser adaptados a qualquer ideia, nova ou antiga, inovadora ou existente, e são tão aplicáveis hoje como foram há um século. Os princípios do sucesso nos negócios não mudaram; a única coisa que mudou é a maneira como conduzimos os negócios. A tecnologia e o tempo abriram a porta para opções e oportunidades que nunca imaginamos antes. Observe-os. Como um palito de dentes ou um fone de ouvido, eles sempre estiveram lá, apenas esperando que você os melhore com o poder de sua mente maravilhosa.

Napoleon Hill observou que "tanto a pobreza como a riqueza são descendentes do pensamento". Qual delas os seus pensamentos produzirão? A resposta é inteiramente sua.

CAPÍTULO 4

ALIMENTANDO SEUS SONHOS

A felicidade é encontrada fazendo, não apenas possuindo.

– NAPOLEON HILL

A primeira lei de movimento do Sr. Isaac Newton estabelece que um objeto em repouso permanecerá em repouso e um objeto em movimento permanecerá em movimento. Esse princípio é tão aplicável ao pensamento como o é para todas as outras forças do universo. Uma mente em movimento permanece em movimento à medida que cada pensamento cria outro pensamento, movendo-se na mesma direção que o primeiro.

Os pensamentos podem gerar energia gigantesca e produzir resultados que antes eram percebidos como inconcebíveis. Os pensamentos conduziram cada invenção e melhoria conhecidas pela humanidade. Eles fazem com que as pessoas tomem consciência de oportunidades que antes escapariam de sua atenção.

E às vezes, a "coisa" em que um pensamento se torna adquire vida própria.

O chef Bruno Serato é um indivíduo que provou a teoria de que um mero pensamento, quando tratado, pode gerar resultados muito maiores e mais espetaculares do que o pensador já imaginou. Bruno chegou aos Estados Unidos com US$200 no bolso. Ele não tinha emprego e não sabia falar inglês. Entretanto, era bilíngue, capaz de falar francês e italiano. Ele também tinha entusiasmo e determinação desenfreados, bem como um vasto leque de experiências e conhecimentos sobre restaurantes. Com essas qualidades, conseguiu garantir uma posição inicial como lavador de louças em um estabelecimento de renome, onde ele impressionou seu empregador com sua ética de trabalho, e rapidamente subiu de posição.

Hoje Bruno é proprietário do restaurante mundialmente famoso Anaheim White House. Seus aclamados pratos, serviço brilhante e atenção aos detalhes lhe renderam inúmeros prêmios no ramo de restaurantes.

Mas foram os extraordinários atos filantrópicos de Bruno que o honraram e lhe trouxeram fama, incluindo um título de cavaleiro da República Italiana e o reconhecimento como Herói do Ano da CNN. Embora as mesas de seu restaurante tenham sido ocupadas por presidentes dos Estados Unidos, dignitários mundiais e celebridades, seus clientes mais importantes não são seus ilustres clientes pagantes. São as crianças cujas vidas ele ajudou a transformar.

A REFEIÇÃO DE UMA VIDA

> Em 18 de abril de 2005, eu estava entrando no Clube Boys and Girls (organização sem fins lucrativos que acolhe e oferece oportunidades a crianças e jovens), no Condado de Orange, na Califórnia, pensando que era um hotel. Era, na verdade, uma residência para crianças que não tinham casa. Eu estava com a mamãe e nós vimos um garoto comendo batatas fritas. Ciente de que aquelas batatas podiam ser o único jantar que ele teria naquela noite, minha mãe disse que deveríamos dar um pouco de macarrão para ele. Eu voltei para a cozinha e fiz macarrão para 75 crianças. Essa foi a primeira vez, mas eu não estava satisfeito, e comecei a fazer semana após semana, ano após ano.

Esse pensamento provocou ação e resultados que ultrapassaram suas expectativas a passos largos. Hoje o Clube da Caterina, chamado pelo nome de sua amada mãe, serve de 350 a 400 crianças todos os dias, sete dias por semana. Até agora, eles serviram mais de meio milhão de refeições.

Contar com a generosidade de Bruno é admirável e incrível. Ainda mais incrível, porém, é o fato de que ninguém sabia da sua missão de alimentar as crianças durante os primeiros cinco anos de existência desse projeto. Ele não falou sobre isso e escolheu não solicitar fundos, assistência ou elogios. Foi um gesto de amor e paixão. Em suas próprias palavras, ele estava "fazendo de coração".

Como empresário e filantropo, ele estava fornecendo um serviço altruísta, sem expectativa de reembolso ou recompensa. Não esperava ganhar fama ou receber reconhecimento por suas contribuições altruístas às vidas de crianças menos afortunadas. Pelo contrário, ele estava exemplificando o verdadeiro altruísmo, segundo a prova lendária do Dr. Hill de que "a grande conquista geralmente nasce de um grande sacrifício e nunca é o resultado do egoísmo".

Na verdade, suas realizações são notáveis, assim como os sacrifícios do chef Bruno. Como tantos empresários, a recessão teve impacto em seu restaurante, e seu negócio entrou em tempos difíceis.

"Em 2009 quase perdi meu restaurante. A economia estava em queda de 30%, e eu estava pronto para fechar as portas. Meu pensamento inicial era o de que eu tinha que parar de alimentar as crianças, não porque queria, mas devido à economia. Mas eu não podia deter meus esforços para alimentar as crianças, independentemente da economia. Eu tive que continuar, o que me deixou mais feliz e mais confiante durante a pior situação econômica de minha vida. Sinto que fiquei mais forte."

Então ele perseverou, e seu negócio não só sobreviveu, como também prosperou. Assim como seu trabalho filantrópico.

ESPALHE A PALAVRA, ESPALHE O TRABALHO

Quando estamos executando uma ideia que se origina do coração, temos a responsabilidade de informar as outras pessoas sobre o que estamos fazendo? Por cinco anos, o chef Bruno não fez nada e, silenciosamente, sem qualquer conhecimento público ou reconhecimento, alimentou centenas de crianças todos os dias. A seus olhos, era um serviço altruísta decorrente do amor.

Ao manter o silêncio, sem a expectativa de elogios ou reconhecimento – por não compartilhar nossos pensamentos e empreendimentos –, podemos acabar limitando a amplitude e o alcance que nossos esforços podem obter. Muitas vezes, nossos esforços desencadeiam o mesmo desejo nos outros, que estão inspirados e também querem contribuir positivamente para a nossa causa. É tudo uma questão de influência e da força da influência quando usada de forma positiva.

Quando olha para trás, Bruno admite que poderia ter pedido ajuda de amigos. "Percebi a mente poderosa que as pessoas têm quando se intensificaram para ajudar. Acolhi a ajuda e precisava disso. Hoje não pago pela massa. Recebo doações de pessoas que amam o que faço e querem ajudar. É ótimo ter essa ajuda."

Um dos maiores benefícios de ajudar os outros é o que recebemos em troca. Embora não ajudemos por razões egoístas, nossos atos nos proporcionam uma recompensa interna, que serve como nossa razão para continuar com nossos esforços. Quando alimenta crianças, esse renomado chefe é alimentado pelo maior motivador do mundo – o amor.

"O amor que as crianças me dão é mais do que eu jamais poderia imaginar em toda a minha vida."

Um pensamento se transformou em um projeto fenomenal e uma causa louvável que mudou a vida de centenas de milhares de crianças. Desde então, o pensamento original desencadeou outro. Hoje Bruno não apenas pretende alimentar as crianças famintas; ele também se esforça para que tenham um teto sobre suas cabeças. Ele explicou a evolução dessa sucessão do pensamento.

> Às cinco horas da tarde, as crianças deixam o Clube Boys and Girls e voltam para seus quartos de hotel, onde são frequentemente expostas ao pior ambiente possível. Comecei investigar os tipos das famílias que vivem lá. Além das ruins, descobri que também há famílias boas. Mas, devido à economia, perderam suas casas ou seus empregos e acabaram em um quarto de hotel. Ainda assim, são famílias americanas trabalhadoras. Querem encontrar um trabalho e vão encontrar. Ao conseguirem, entretanto, eu me perguntava como eles poderiam juntar dinheiro para um apartamento de dois quartos. Para ajudar cada família, percebi que posso fazer um gesto de mudança de vida e pagar o primeiro e último depósito para um apartamento. Nos últimos sete meses, mudei 38 ou 39 famílias através de angariação de fundos e doações. Acompanhamos essas famílias por doze meses, e o projeto é 99% bem-sucedido.

Muito parecidos com o resultado do pensamento, os eventos e experiências em nossas vidas criam um efeito dominó que inspira nossas ações. Esse efeito é a razão subjacente pela qual o chef Bruno é tão apaixonado por ajudar essas crianças e suas famílias. Simplificando, ele sabe o que é ser pobre. Veio de uma família pobre, em que o macarrão era um alimento básico da dieta porque era a maneira mais barata de alimentar sete crianças famintas e em crescimento.

> Após a Segunda Guerra Mundial, mamãe e papai se mudaram para a França. As pessoas do outro lado da rua nos davam meias, sapatos, camisas e roupas íntimas. Eu nunca fui à escola despido, porque as pessoas doavam para mim. Eu faço a mesma coisa agora.

A história de Bruno é uma clássica história de sucesso americana, e sua generosidade e determinação aparentemente não têm fim. Ele se recusa incansavelmente a permitir que obstáculos e desafios cruzem o seu caminho. Determinado a estar à tona durante a recessão, ele até hipotecou sua casa duas vezes para manter o programa em funcionamento. A chave para nunca desistir, diz ele, está em sua inspiração.

"Se você desistir, você desiste de parte de sua vida. Nunca desista." As crianças são sua única inspiração.

> Não sou casado, mas tenho trezentos filhos. As crianças me inspiram.

> Obviamente, meus clientes favoritos são as crianças, que são convidadas para o meu restaurante. Elas raramente são expostas a algo bonito, como o meu restaurante. No dia em que servi a metade da minha refeição de número quinhentos mil, convidei as crianças e convidei celebridades e atletas famosos para atendê-las. Pedimos a cada um deles para fazer uma entrevista especial para fornecer inspiração às crianças, para ajudá-las a saber que poderiam sair dos quartos de hotel, sair do Clube Boys and Girls e fazer algo especial também.

Com experiência em primeira mão em superar sadversidades, Bruno pode atestar o fato de que o sucesso é possível para quem realmente o deseja. Por meio do trabalho árduo, da atenção aos detalhes e do compromisso com um serviço impecável,passou de lavador de louças a proprietário de um dos melhores estabelecimentos gastronômicos do mundo. Ele seguiu sua paixão e a construiu em seu sonho ao ver uma oportunidade e ao trabalhar para isso.

Depois de passar sete anos aperfeiçoando seu ofício, Bruno soube que o Anaheim White House estava sendo vendido porque o dono não era um *restaurateur*. Quando ele se aproximou do proprietário e perguntou sobre o preço, o proprietário respondeu perguntando quanto dinheiro ele tinha. O fato era que Bruno não tinha nenhum. Mas esse obstáculo não o impediu de realizar seu sonho. Ele teve a oportunidade de alugar o estabelecimento por três anos, com a opção de comprá-lo. Literalmente adquiriu o restaurante com um aperto de mão; o acordo foi baseado na boa-fé, confiança e respeito.

Hoje ele passa por oportunidades semelhantes com as crianças que ele serve, em um esforço para fazer a diferença em suas vidas. Enquanto ele estava servindo massa um dia, um menino de quinze anos aproximou-se e perguntou se poderia trabalhar para ele. Bruno disse ao adolescente que ele tinha que ter dezoito anos para trabalhar em seu restaurante. Três anos depois, o mesmo jovem entrou no restaurante e informou ao chef Bruno que era o seu décimo oitavo aniversário. Fiel à sua palavra, Bruno deu-lhe um emprego e sua primeira oportunidade de superar suas circunstâncias e criar seu próprio sucesso.

Sem dúvida, esse renomado chef resume os princípios pessoais e profissionais identificados há quase cem anos por Napoleon Hill. Ele construiu um restaurante de renome mundial seguindo sua paixão, mas seu sucesso profissional fornece apenas uma fração da realização que ele recebe de sua carreira. Ao invés disso, é o resultado desse negócio – alimentar crianças famintas – que traz suas verdadeiras riquezas: satisfação interna, orgulho e inspiração.

Napoleon Hill fala desse tipo de riqueza em *Quem pensa enriquece – Edição oficial e original de 1937*. Muitas vezes, não é nosso sucesso profissional, mas o resultado desse sucesso, que nos permite realizar nosso propósito maior. Quando somos conduzidos por esse propósito, ele se torna intenso e assume vida própria.

Você também tem o poder de transformar seus pensamentos em algo maior do que já imaginou. Quando o faz, pode achar que seu pensamento original foi realmente um trampolim em direção a sua verdadeira felicidade e propósito – o que você realmente deveria fazer com sua vida.

LIBERTE SEU F.O.R.T.E.

Seu forte é a sua maior força ou talento. Seguindo a fórmula de cinco passos do chef Bruno, você pode usar o seu forte para definir a trilha do sucesso em movimento.

1. **Encontre sua paixão.** Quando você encontrar sua paixão, vai adorar o que você faz e se inspirar a usar seus talentos de forma única.
2. **Reconheça suas ideias.** Seus pensamentos são seus, mas, para ter valor, devem se tornar realidade. Reivindique a propriedade de suas ideias e aja sobre elas.

3. **Reconheça suas oportunidades.** O chef Bruno seguiu este princípio repetidamente durante toda a carreira. Ele começou com uma oportunidade de nível inicial e aproveitou o crescimento e a experiência que isso proporcionou. Então viu uma oportunidade maior de ter seu próprio estabelecimento, onde ele poderia executar seus talentos e habilidades ao máximo. Por último, mas não menos importante, reconheceu que seu negócio lhe permitiu perseguir uma paixão que era ainda maior que seu sucesso empresarial. Ao juntar suas ideias com oportunidades, ele progrediu em direção a seu verdadeiro propósito – aquele que lhe traz sua maior felicidade.

4. **Pense além de sua ideia inicial.** Muitas vezes, uma ideia ou pensamento é apenas um trampolim que pode levá-lo ainda mais longe. Muitas pessoas se perdem nos detalhes e acreditam que alcançar esse objetivo inicial é o seu destino final; desse modo, deixam de atuar sobre ideias subsequentes. O chef Bruno não teve que assumir a responsabilidade de fazer massas para 75 crianças com fome em 18 de abril de 2005. Ele já havia alcançado seus objetivos profissionais. Como foi bom que ele tenha podido desenvolver sua ideia naquele dia, tanto para as

crianças quanto para ele. Esse ato único assumiu vida própria, instigou uma nova paixão e propósito em Bruno e mudou muitas outras vidas no processo.

5. **Obtenha a ajuda dos outros.** Aceite auxílio quando precisar. Quanto maior a causa ou o objetivo, mais você precisará da boa vontade dos outros. Como Napoleão Hill disse: "Nenhum indivíduo tem experiência, educação, habilidade nativa e conhecimento suficientes para assegurar a acumulação de uma grande fortuna sem a cooperação de outras pessoas". Quando o chef Bruno correu o risco de ter que parar de alimentar seus "filhos do hotel", ele aceitou a ajuda de que ele tanto precisava. Ele não só conseguiu continuar com sua paixão, como também foi capaz de expandi-la.

Napoleon Hill disse: "O sucesso na vida depende da felicidade, e a felicidade não é encontrada de outra maneira, a não ser através de *serviço* que é prestado com espírito de amor". O Clube da Caterina cresceu exponencialmente e ganhou reconhecimento mundial com o conceito que em breve será replicado na cidade natal do chef Bruno, na Itália. É a fonte de seu maior orgulho – um serviço certamente prestado com espírito de amor.

E tudo começou com um único pensamento: aquela criança não deveria ir dormir com fome.

CAPÍTULO 5

MAPEANDO A TRANSIÇÃO DOS PENSAMENTOS À REALIDADE

Quando a derrota vem, aceite-a como um sinal de que seus planos não são sólidos, reconstrua-os e navegue mais uma vez em direção ao seu desejado objetivo.

– NAPOLEON HILL

Um mapa é um recurso que pode ser usado para nos guiar para onde quer que desejemos ir, viajando de San Antonio para Miami ou procurando a melhor rota dentro da cidade. Usando um mapa, podemos traçar a viagem do nosso ponto de partida para o nosso destino. Em qualquer ponto, podemos olhar para trás, para onde estávamos, e ver como chegamos onde estamos hoje, ou apontar nosso rumo para o futuro e os lugares a que queremos ir.

Os mapas têm sido desenvolvidos e utilizados há séculos, sendo os mais antigos os desenhos das cavernas e mapas desenhados em tábuas de argila da Babilônia, em 2300 a.C. Desde então, evoluíram e tornaram-se mais complexos, ilustrando uma vasta gama de dados. Hoje a nossa capacidade de acessar e utilizar mapas é praticamente ilimitada. De peças impressas dobradas nos porta-luvas a dispositivos GPS que fornecem instruções audiovisuais, podemos traçar e seguir nossa jornada até nosso destino tanto antes de embarcarmos quanto depois da chegada.

Mapas de todos os tipos desempenharam papel central no desenvolvimento pessoal e no sucesso profissional de Richard Saul Wurman, fundador da TED, uma organização sem fins lucrativos que fornece conhecimento gratuito nas áreas de tecnologia, entretenimento e *design*.

Como Napoleon Hill, a TED acredita no poder que as ideias têm de mudar atitudes, vidas e o mundo. Sua missão é expressa pelo lema "Ideias que valem a pena espalhar", e suas famosas palestras TED são sensações virais, muitas delas acumulando milhões de visualizações.

Curiosamente, Richard também é cartógrafo, responsável pela criação dos guias Access, que fornecem gráficos e informação para tornar os lugares compreensíveis aos visitantes. Hoje ele usa sua experiência cartográfica de maneira inovadora. Suas iniciativas mais recentes incluem o 19.20.21

(projeto cartográfico comparativo para mapear ambientes urbanos) e seu projeto do Observatório Urbano, ambos voltados para a cartografia eletrônica urbana, estabelecendo a metodologia padrão para dados comparativos e observatórios urbanos conectados ao vivo em todo o mundo.

Embora esses dois caminhos de carreira possam parecer desconexos, eles são, de fato, extensões naturais da paixão de Richard por mapas e, mais especificamente, de sua visão única do que um mapa é essencialmente e da importância de todos os tipos de mapas em nossas vidas.

"Minha autodefinição de um mapa é C.P.H., Capacidade de Percepção do Homem. Um mapa é uma forma fundamental de entender visualmente algo. Se um mapa não funciona, não é um bom mapa. É uma medida de desempenho do *design* gráfico. Mas um mapa é um tesouro. E a compreensão de um mapa para muitas pessoas é diferente. Muitos pensam que o Google Earth é um mapa de informações, mas ele não contém muita informação. Ele não consegue mostrar padrões comparativos de uso da propriedade. É simplesmente uma imagem."

De fato, Richard teve cinco carreiras, praticamente todas girando em torno de propiciar melhores compreensão e clareza. Ele é apaixonado por mapas tanto literais quanto figurativos e pela nossa capacidade de mapear praticamente qualquer coisa, mesmo coisas que não podemos ver, como o cérebro humano. Em um discurso para o curso de pós-graduação em Design de Harvard, ele falou sobre cinco pessoas que conheceu que foram treinadas em arquitetura e quão radicalmente diferentes eram suas vidas, como forma de ilustrar o fato de que todos nós temos jornadas diferentes – diferentes mapas – com destinos que podem parecer os mesmos. "Enquanto somos ensinados, somos como um silo. Começamos como privado e terminamos como geral. Existe uma continuidade de sucesso."

AUTORIZAÇÃO PARA SE INTERESSAR

Apesar da enorme quantidade de conhecimento e entendimento que Richard adquiriu sozinho e espalhou através de seu trabalho, ele acredita que sua ignorância é o seu maior trunfo, uma crença desenvolvida desde muito jovem.

Richard não veio do que ele se refere como a fonte do mundo acadêmico. Seu pai fabricava charutos, enquanto o outro lado de sua família era pobre. Mas sua família lhe deu permissão para se interessar pelas coisas. Quando diferentes assuntos surgiam durante as conversas familiares, você deveria contribuir e saber do que estava falando. Ele carrega essa responsabilidade até hoje, e isso se reflete em tudo o que faz.

"Duas palavras que usamos com frequência são 'informação' e 'pergunta'. Estou interessado naquela parte da palavra 'informação', que é a parte fundamental, que é *informar*. E estou interessado na parte fundamental da palavra 'pergunta', que é *perguntar*. Eu estou interessado na busca esclarecida. A maioria das questões não é esclarecida. Achamos que tudo é informação. Muito poucas coisas são realmente compreensíveis, mas quero entender uma coisa. Esse é o meu único questionamento. Historicamente, se eu tornar as coisas compreensíveis, outras também parecerão ser."

Enquanto suas realizações são muitas e impressionantes, Richard ressalta que ele foi demitido de todos os empregos, exceto os dois anteriores. Ele é bem ciente de suas limitações, entre elas o que ele descreve como "preguiça fundamental", o que ele contrabalança dizendo a todos o que ele vai fazer bem antes de começar. É apenas um exemplo de sua habilidade fascinante de entender sua própria motivação e inspiração. Essa mesma profundidade de compreensão é o que ele tenta facilitar por meio das palestras TED e seus conceitos de mapeamento inovadores.

Napoleon Hill escreveu: "Recusamo-nos a acreditar no que não compreendemos". Richard passou uma vida compreendendo a si mesmo e seus muitos empreendimentos e, como resultado, viu oportunidades onde outros não viram e criou sucesso em uma série de empresas e negócios. Com a TED, ele está acendendo essa paixão pelo entendimento – e seus benefícios resultantes – a milhões de outros.

RUMO A UMA BUSCA INFORMADA

Richard também teve falhas, mas ele sistematicamente se recusava a permitir que elas o detivessem. Em vez disso, ele usou essas experiências para crescer e obter uma compreensão ainda maior de suas forças e fraquezas, percebendo a verdade na afirmação de Napoleon Hill de que "cada adversidade, falha e desgosto carregam com eles a semente de um benefício igual ou maior".

Você não deve permitir que qualquer falha minimize sua confiança e o proíba de estabelecer seus pensamentos e ideias no caminho da realidade. Você não deve permitir que ela o consuma; se você fizer isso, ela criará uma barreira impenetrável que se tornará mais forte do que você ou seus pensamentos.

Em vez disso, aprenda com as experiências que não tiveram o resultado pretendido. Verifique o que deu errado e o que pode ser feito para evitar repetir isso conforme você avança. Quando consegue observar suas falhas objetivamente, você vê que presente elas realmente são, e você é capaz de aproveitá-las como uma oportunidade de obter o entendimento que melhorará a possibilidade de seus sucessos futuros.

A semente de um benefício igual ou maior então poderá crescer – quanto mais você permitir que ela cresça, mais forte se tornará. Ela acabará se tornando maior e mais forte do que a falha inicial de onde brotou.

Esse processo se torna mais fácil quando você adota o conceito de Richard da "capacidade de percepção do homem". Você poderá elevar-se para um nível de três mil metros e ver a sua vida como o mapa que é. Você pode rastrear suas falhas e sucessos, ver os desvios que estagnaram o seu progresso ou o levaram para longe do objetivo pretendido, bem como as etapas que o aproximaram dele. Então, com maior certeza, pode corrigir seu caminho e voltar para o caminho do destino desejado – a transformação de seus pensamentos em realidade. E, como tantas jornadas que realizamos na vida, essa excederá suas expectativas.

As palestras TED são um exemplo perfeito que começou como uma ideia para criar uma convergência entre tecnologia, entretenimento e indústrias de *design*, e se tornaram uma sensação mundial. Não foram utilizados anúncios ou divulgação para ajudá-las a crescer. Seu sucesso cresceu a partir de uma observação, que plantou uma semente de pensamento. A partir daí, a semente floresceu em uma visão mais plenamente realizada e maior do que a concepção inicial.

SIMPLIFIQUE PARA CRESCER

O sucesso de Richard não se baseia em ter ideias maiores e melhores do que as últimas. Em vez disso, ele simplifica suas ideias e pensamentos, subtraindo deles até serem reduzidos à sua forma mais básica. Como resultado, as jornadas de pensamentos para a realidade são completadas com menos desafios, complicações e possíveis dissuadores.

Os pensamentos realmente se tornam realidade, todos os dias: novos produtos e serviços, novas empresas, conceitos e descobertas. E eles seguem uma trajetória lógica do ponto A ao ponto B. Cada um de nós deve ter a capacidade de perceber essa trajetória, eliminar o que sufoca ou redireciona o nosso progresso e substituir por pensamentos de perseverança, realização e sucesso. Isso é tão verdadeiro se você deseja iniciar um negócio, criar um programa de *software* ou transformar seu estado financeiro de pobreza em um de riqueza.

Alguns chamam de mapa, enquanto outros chamam de plano. Seja lá como *você* o chame, não complique tanto sua jornada ou deixe pensamentos de medo ou fracasso desviarem-no. Você e somente você está no controle total da sua jornada de sucesso.

Comece controlando os pensamentos que o acompanham, prestando atenção aos passos que você toma ao longo do caminho, e perceba aonde eles o conduzem. É por meio da busca informada, e não de um esforço cego, desinformado, que, como Richard Saul Wurman, você abrirá o caminho para seu sucesso final.

CAPÍTULO 6

AS ORIGENS DO PENSAMENTO

Cuide de suas visões e de seus sonhos como se fossem as crianças de sua alma, os planos de suas conquistas finais.

– NAPOLEON HILL

A escrita de *Quem pensa enriquece – Edição oficial e original de 1937* foi precedida por vinte anos de entrevistas com líderes corporativos e visionários que, até hoje, se encontram entre os empresários mais bem-sucedidos da história. Isolados e analisados em grande detalhe por Napoleon Hill, os segredos que os mestres revelaram continuam sendo altamente relevantes hoje, porque então, assim como agora, as origens de todos os êxitos podem ser atribuídas a uma coisa: o pensamento.

Mas como você *cria* os pensamentos que levam a empreendimentos bem-sucedidos? Você precisa de um diploma de administração para gerar ideias viáveis e trazê-las à realidade? Você sabe o que ou quem finalmente determina aonde você deve conduzir seus pensamentos, e aonde seus pensamentos o levarão? Você precisa de uma base sólida na atividade, ou pode estar do lado de fora olhando para dentro e criar uma visão que terá o mesmo tanto de impacto?

Ao falar com os muitos empreendedores apresentados neste livro, ficou claro que a origem do pensamento é única para cada indivíduo. Algumas pessoas são naturalmente dotadas com a capacidade de ver as coisas de forma diferente. Outras são inventoras criativas do pensamento, pessoas com imaginações vívidas, aquelas que não estão dispostas a aceitar que o *status quo* vá bastar, e aquelas que veem uma necessidade não atendida ou um problema não resolvido e encontram uma maneira de resolvê-lo.

Mas há um ponto em que todos esses líderes concordam: o pensamento por si não determina o sucesso. É a *ação* tomada como resultado desse pensamento que cria resultados reais.

Quando um pensamento acionável o atinge, você sabe disso – e pode acontecer a qualquer momento. Você poderia estar lendo um livro e ter uma ideia que o motiva a agir. Uma simples observação poderia gerar uma ideia que o inspira a agir. Às vezes, uma ótima ideia vem no meio da noite e atinge você de forma tão repentina e poderosa que você se afasta da cama e procura por um pedaço de papel e uma caneta para anotá-la, por medo de que ela se vá pela manhã.

Para David Neeleman, cofundador das companhias aéreas WestJet e JetBlue, que agora está traçando território novo no Brasil com a Azul Linhas Aéreas Brasileiras, as melhores ideias duradouras vêm a ele em horário e local muito específicos.

"Eu penso nas coisas no chuveiro – esse é o meu momento. Eu penso e não posso esperar para sair do chuveiro para fazer acontecer."

Algumas das coisas que David "fez acontecer" durante o curso de sua extraordinária carreira têm sido bastante surpreendentes, fato que ele atribui à sua forma única de olhar para o mundo.

"Como faço para passar de um pensamento a algo que se torna realidade? Não acho que seja sorte. Tenho muitas deficiências, mas tenho a capacidade de enfrentar uma situação e ver tudo completamente diferente, dizer que pode ser feito de outra maneira e perguntar por que não pode ser feito de forma diferente. Então eu faço acontecer."

As pessoas que trabalham com David muitas vezes dizem que ele faz as coisas parecerem simples. A resposta dele? É tão simples. "*É* tão simples quanto um, dois, três. Faça e obtenha. É a capacidade de criar algo em seu próprio cérebro. Você deve pensar em todos os aspectos e criá-los em seu cérebro, talvez até em mais de mil aspectos diferentes... Você tem a imagem em seu cérebro de como alguma coisa será, e você deve de alguma forma pintar essa imagem para investidores e pessoas que podem ajudá-lo ou trabalhar para você. Você os leva a acreditar na sua ideia, e, com a ajuda deles, você a cria. As pessoas me perguntam se estou surpreso com o sucesso da JetBlue, e eu digo que não. É exatamente como pensei que fosse acontecer.

Se você está procurando um lema para motivá-lo durante o seu dia de trabalho – ou seu próximo banho –, vale a pena tentar a receita de David: "Pense nisso, pense nisso, problema resolvido, faça acontecer."

PREPARE-SE PARA OS PROBLEMAS, PLANEJE-SE PARA O SUCESSO

É óbvio que, não importa quão claro você possa imaginar um resultado ou quão determinado você seja para fazer acontecer, você invariavelmente encontrará obstáculos na jornada da ideia à realidade. Como todos os grandes empresários, David acumulou um arsenal confiável de armas para ajudá-lo a combater e vencer os desafios que surgem à medida que persegue seus objetivos.

Uma dessas armas é buscar ativamente mentores – de seu passado e presente, através de conhecimentos pessoais ou de livros – cujos conselhos, experiências e especialidades informam e inspiram seus próprios pensamentos e ações. "Meu pai me ensinou ao longo da vida a importância de tratar as pessoas igualmente, independentemente do prestígio. Eu tive mentores e muita gente que me inspirou a fazer melhor e a ser melhor."

Outra é sempre procurar uma maneira de simplificar uma situação desafiadora, ao invés de complicá-la mais. A eficácia dessa abordagem é ilustrada na forma como David lidou com uma questão que se apresentou à Azul.

"Tivemos 128 aviões que passaram a noite em cem cidades diferentes. Em 1% do tempo, haverá um problema mecânico em um avião. Como a única companhia aérea que atende sessenta dessas cidades, precisamos descobrir como obter peças para reparar e manter nossos aviões. Tivemos problemas de logística e de perícia. Compramos um avião pequeno e privado e o reconstruímos como um avião fretado que também serve como avião mecânico. Nós o tripulamos com dois técnicos experientes que voam à noite e servem como nossos centros de excelência, indo aos aviões e reparando-os, em vez de ter mecânicos em todas as cidades. Estamos trazendo Maomé para a montanha, e não o contrário."

O desejo também é uma chave que mantém David progredindo em direção a seus objetivos, apesar dos obstáculos. Ele não persegue objetivos que não queira apaixonadamente alcançar, e essa paixão o ajuda a manter seus olhos na recompensa, independentemente das barreiras que possam surgir ao longo do caminho. Como ele diz, "o desafio é grande, mas a oportunidade é maior".

David também acredita no papel de sua fé na formação de sua capacidade de acreditar em seus pensamentos e ideias no grau necessário para superar os obstáculos que possam atrapalhar seu sucesso.

> Minha religião e princípios cristãos desempenham um papel importante... Eu acho que [algumas] pessoas tendem a olhar para tudo sob uma perspectiva unidimensional. Quando você acredita que existem outras dimensões, você pode olhar sob uma perspectiva eterna. Se um negócio falhar sob essa perspectiva, no esquema eterno, isso não significa nada. Existem argumentos sobre Deus e sobre se Ele existe, mas acredito que existam outras dimensões. Acho que, quando voltamos para a analogia da fé, sempre dizemos: "Reze como se tudo dependesse de Deus e trabalhe como se tudo dependesse de você". Você precisa se levantar e fazer acontecer.

Tão crítica quanto desenvolver um plano para vencer desafios é a capacidade de aprender com eles quando eles extraem o melhor de vocês. É uma das características de todas as grandes histórias de sucesso, e a história de David não é exceção:

> Quando eu estava com vinte e poucos anos, fundei uma pequena agência de viagens. Comecei com absolutamente nada e estava tentando vender *time-shares*, mas não estavam vendendo, então eu estava alugando. Depois, comecei a incluir passagens aéreas. Eu estava ganhando dinheiro e contratei pessoas para me ajudar. A vida era boa. Mas, de repente, recebi um telefonema da companhia aérea com a qual eu estava trabalhando, e me disseram que estavam falindo. Eu tinha clientes que tinham bilhetes pré-pagos e não pude devolvê-los. Então minha empresa faliu.

Para alguns, teria sido um revés de fim de carreira. David escolheu abraçá-lo como uma poderosa oportunidade de aprendizagem que lhe permitiu avançar de forma mais inteligente, mais sábia e mais bem preparada.

> Aquele momento foi de certa depressão. A partir daquele minuto, nunca mais confiei em ninguém. Começamos a JetBlue, mas arrecadamos dinheiro para isso. Eu não queria arriscar de novo e ter que confiar em alguém.

VISÃO + COLABORAÇÃO

Você precisa de educação formal para ser bem-sucedido e fazer a diferença? É necessário que você acumule experiência significativa em determinada área a fim de criar o tipo de pensamento que vai gerar sucesso nessa área em nível elevado?

Na verdade, alguns dos maiores sucessos de todos os tempos – dentre eles, o de David – também foram alcançados sem isso.

> Tenho um diploma de ensino médio e o de doutor *honoris causa*, mas nada entre eles. Também tenho nove filhos, e cinco são formados. Sou um grande defensor da educação, e acho que uma das grandes diferenças entre nosso país e os outros é o acesso e a capacidade de obter educação. Isso muda a vida das pessoas. Amo a educação e estou profundamente envolvido nela. Mas não tenho diploma universitário.

Ele também ergueu três companhias aéreas bem-sucedidas, embora não seja piloto e nunca tenha pilotado um avião. Ele descobriu que trabalhar de baixo para cima e conhecer o setor e seus vários negócios não era necessário.

A capacidade de originar pensamento e agir, atravessar e superar os desafios o ajudou a criar suas visões.

A viagem sem bilhetes foi uma dessas ideias.

> Observei que eram necessárias cópias físicas de bilhetes para aluguel de carros e viagem de avião. Os bilhetes eram como instrumentos inegociáveis – se você os perdesse, estaria com problemas. Enquanto eu observava salas repletas de pessoas cheias de bilhetes, um dos nossos funcionários perguntou por que não enviávamos um código de barras em vez de bilhetes. A ideia de que poderíamos simplesmente enviar um número de confirmação veio então a mim. Mas não tínhamos um banco de dados ou sistema para fazer isso funcionar. Então coloquei o meu parceiro para trabalhar e lhe pedi para criar um banco de dados para isso. Como incentivo, comprei-lhe um novo Jeep.

Como Trey Urbahn, David também descobriu cedo que a capacidade de criar sucesso depende da ajuda dos outros. Ele pede ideias e conselhos de pessoas que têm conhecimentos que ele não tem, e sabe que o seu sucesso não seria possível sem elas.

> Eu não poderia ter ido ao Brasil e aberto uma companhia aérea sozinho. Escolhi pessoalmente pessoas em todas as áreas – finanças, promoções, marketing, gestão, manutenção, treinamento de piloto, etc. – e ofereci-lhes as ações do fundador para me ajudarem a erguer a empresa. Sem esse apoio, eu teria mais ações da empresa, mas não teria tido nada tão valioso ou tão grande de uma empresa.

Ao trabalhar e colaborar com pessoas e compartilhar a história de sua visão, outras irão embarcar e ajudá-lo. Se é uma ideia ótima e bem pensada, as pessoas irão adotar um caminho para apoiá-lo, seja com seu talento, tempo ou dinheiro, aumentando o sucesso delas e o seu no processo.

O CAMINHO PARA VERDADEIRAS RIQUEZAS

Muitas pessoas ouvem o título *Quem pensa enriquece – Edição oficial e original de 1937* e imediatamente o relacionam à ideia de adquirir riqueza material – e inúmeros seguidores da filosofia de Hill fizeram exatamente isso.

No entanto, curiosamente, Napoleon Hill não dedica muito tempo em seu livro à realização financeira.

Para Hill, *riqueza* tem um significado diferente ou, no mínimo, muito mais amplo. As riquezas, no contexto da filosofia de Hill, são a abundância de recompensas que inevitavelmente aparecem quando você aproveita e ativa seus pensamentos para alcançar seus objetivos – elas não são o objetivo em si.

Por meio de sua abordagem do trabalho e da vida, David Neeleman tornou-se rico no sentido mais verdadeiro do termo, como Hill quis dizer. A JetBlue e a Azul geraram enorme riqueza financeira para ele, tanto que ele não precisa mais trabalhar. Contudo, ele trabalha... não pelo dinheiro, mas pela oportunidade de ajudar os outros. "A minha definição de riqueza é felicidade e trazer felicidade para outras pessoas. 'Riqueza', para mim, significa criar uma empresa que mude a maior parte de vidas possível e faça do mundo um lugar melhor."

Isso é o que inspira David, o que estimula sua mente a continuar gerando grandes pensamentos, e o que o mantém motivado para manifestar esses pensamentos através de ações.

Pensamentos virão e irão. Negócios e setores inteiros virão e irão. Motivação e desejo são o que, em última instância, determinam o sucesso e inspiram empreendedores a gerar novos objetivos e a agir em sua direção. Como David, quando você define o seu "porquê", o "como" aparecerá através da inspiração, fé e colaboração. Assim como as riquezas... de todos os tipos.

CAPÍTULO 7

EMOÇÕES EFICAZES

É preciso casar os sentimentos com as crenças e ideias.
Essa é provavelmente a única maneira de alcançar uma medida
de harmonia na vida de alguém.

– NAPOLEON HILL

A mente tem uma incrível capacidade de armazenar, processar e dar origem a nossos pensamentos e experiências, mas há uma parte dela que pode anular nossos desejos e esforços: o subconsciente. Essa é a parte do cérebro que nos protege. Ele lembra tudo o que nos causou dor ou arrependimento, e traz essa informação à tona quando estamos prestes a enfrentar uma experiência semelhante.

Por exemplo, se você queimou a mão ao tocar um fogão quando criança, seu subconsciente lembra-se da dor desse incidente. Sempre que você chegar perto de um fogão, ou de qualquer coisa quente, ele recupera essa experiência e a traz para a sua consciência, em um esforço para protegê-lo e evitar passar pela mesma dor.

O subconsciente também afasta a dor emocional: arrependimento, constrangimento e vergonha. É por isso que, quando falhamos em alguma coisa, ficamos relutantes em tentar novamente. O subconsciente puxa a memória e a usa para evitar que experimentemos outro fracasso e, portanto, as sensações associadas a ele.

Enquanto as emoções têm o poder de diminuir o nosso avanço e impactar negativamente nossas chances de sucesso, elas também podem adicionar força e impulso ao seu desejo de transformar pensamentos em realidade quando você enfrenta desafios, opositores e dúvidas internas. São os nossos sentimentos que nos impedem de desistir e ceder – mesmo quando o subconsciente nos lembra de que podemos falhar. Na verdade, eles são o combustível que nos motiva a continuar buscando o que queremos.

Positivas ou negativas, suas emoções têm influência significativa em seus resultados. Quanto mais forte a emoção, maior a influência. E quanto mais consciente e no controle de suas emoções você está, mais poder tem sobre os efeitos delas, e sobre se eles o aproximarão ou distanciarão de seus objetivos.

Um empreendedor de alto nível que dominou a arte de transformar seus sentimentos negativos em positivos é Dave McInnis. Fundador da PRWeb e Cranberry, ele é uma testemunha do papel que as emoções desempenham praticamente em todos os aspectos do empreendedorismo e um fantástico exemplo de como usar as emoções a seu favor ao invés de ser controlado por elas. Sua história é fascinante.

DA RAIVA À REALIZAÇÃO

As emoções estavam no centro da resposta de Dave à pergunta "Como um empresário pode saber se uma ideia é viável e terá chance de sucesso?". Elas também são um tema comum na criação dos pensamentos dele e do modelo de negócios que ele empregou.

> No caso da PRWeb, eu estava com raiva. Tinha enviado um comunicado à imprensa para uma empresa, e ninguém se importou. Era 1995, e meu comunicado à imprensa não moveu uma agulha, então comecei a PRWeb. Eu não tinha recursos. Usei o que tinha. Meu investimento total foi meu tempo e duas semanas de programação inicial. Também não tinha um modelo de negócios. Nos primeiros três ou quatro anos, não sabia como cobrar as pessoas. Eu dizia a elas: "Se você quiser

me enviar dinheiro para fazer um comunicado à imprensa, envie". Tudo foi baseado em doações voluntárias. No final do primeiro ano, foram US$ 80.000. No segundo ano, foram US$ 1,6 milhão. Eu nem estava cobrando as pessoas. Era dinheiro entrando. Quando você obtém esse tipo de negócio baseado em doação, tem certa obrigação de encantar o cliente.

Raiva e encanto: duas emoções poderosas de ambos os extremos do espectro, que Dave foi capaz de explorar e utilizar de diferentes formas para criar um negócio bem-sucedido enorme, apesar de não possuir recursos, grandes investimentos nem modelo comercial.

É importante notar que o "encantamento" a que Dave se refere não é dele, mas sim do cliente. Ele pode não ter tido experiência prática, mas tinha uma compreensão nata do papel crítico que as emoções desempenham no processo de tomada de decisão das pessoas. Ele sabia que, se ele conduzisse os negócios de uma maneira que criasse uma conexão emocional positiva com os clientes – se eles ficassem *encantados* com sua experiência e resultados –, o sucesso viria. E ele certamente o fez.

Uma coisa que os principais líderes do pensamento entenderam há um século é que o maior sucesso não vem de cortar caminho ou fazer o mínimo do que deve ser feito.

O que sempre destacou os grandes é a vontade deles de ir além, percorrer um caminho mais longo.

O foco inicial de Dave de encantar clientes rapidamente se tornou um componente fundamental da cultura da PRWeb: "Contratamos um homem cujo trabalho era chegar e certificar-se de que o cliente estava feliz. Além disso, cada editor tinha que enviar pelo menos dez cartões-postais por dia, escritos à mão, agradecendo aos clientes".

Ao encantar as pessoas, a PRWeb foi além, não apenas na ocasião, mas também como parte do seu procedimento operacional padrão. Como resultado, a empresa desenvolveu não só uma reputação poderosa, mas igualmente um forte seguimento de clientes extremamente leais.

À medida que o negócio ganhava impulso, a fidelidade do cliente era nutrida e mantida pelo compromisso de Dave com a inovação contínua, que se tornou outro componente vital do crescimento da empresa. Novamente, Dave não tinha nenhuma experiência nessa área. No entanto, ele explicou que tinha bons conselhos.

> Paul Allen me disse que, se você não divulgar um comunicado à imprensa por mês, você não está no negócio. Se você não está anunciando que o seu cliente está fazendo algo todo mês, você não tem nenhum impulso. Levei isso muito a sério e me certifiquei de que a cada quatro ou seis semanas

lançaríamos algo novo. Também incorporei nossos usuários mais fortes e os transformei em nossos grandes advogados. Nós os recebíamos em uma teleconferência e visualizávamos o produto, e eles levavam minha mensagem adiante. Eles eram leais até o fim.

Muitas pessoas investem tempo para adquirir um novo cliente, mas não dedicam tempo suficiente para manter e reter seus clientes existentes. Empresas bem-sucedidas como a PRWeb sabem que é mais econômico manter clientes existentes do que perder tempo e recursos tentando continuamente adquirir novos. Um negócio que não tenha clientes fiéis terá vida curta. Nas palavras do Dr. Hill, "a falta de lealdade é uma das principais causas do fracasso em cada caminhada da vida".

A PRWeb criou o tipo de lealdade que praticamente garante o sucesso, ao estabelecer uma conexão emocional positiva com clientes no início e depois encontrar maneiras inovadoras de mantê-los voltando a experimentar novos serviços que estão sendo oferecidos.

MEDO COMO COMBUSTÍVEL

Embarcar em um empreendimento comercial de qualquer tipo, ainda mais um não familiar e não convencional – como a PRWeb era na época -, é inerentemente arriscado e naturalmente induz a certa quantidade de medo. Dave não estava imune a esse medo, mas isso não o impediu de lançar a PRWeb apenas duas semanas depois de começar a construí-la.

> A paralisia da análise vem do medo. Sempre que sinto medo, cavo um pouco mais fundo, porque é aí que a oportunidade está. Todo mundo tem o mesmo medo. Com a Cranberry, aprendi que o Google News estava fazendo o mesmo e pensei que havia perdido minha oportunidade. Olhei as estatísticas e percebi que o Google não importava.

Então, o medo *foi* um fator, mas nesse caso, positivo. De acordo com Dave, quanto maior a quantidade de medo, maior a oportunidade. De fato, ele usa o medo como sinal de que sua ideia tem um mérito real e grande potencial – uma atitude que remete à declaração de Napoleon Hill há quase um século: "O medo é a fé em marcha a ré! O fundamento sobre o qual a fé e o medo repousam é a crença em algo".

O medo não foi um impedimento depois que Dave vendeu a PRWeb e estava procurando outra oportunidade. Foi quando ele fundou a Cranberry, seu segundo negócio muito bem-sucedido.

> Fiquei fora por alguns anos e estava procurando um retorno à área de imprensa. Depois de trabalhar um pouco, decidi que não havia oportunidade e que ela havia seguido seu curso. Minha principal razão para existir era criar oportunidades de mídia onde não precisávamos confiar na mídia para levar uma mensagem ao cliente. Nós agora estamos contratando jornalistas para entrevistar clientes e escrever histórias. Então direcionamos o foco para essa história e a comercializamos. Somos comerciantes de notícias.

Foi mais uma incursão em um território inexplorado – e outro muito bem-sucedido, graças à fórmula já comprovada por Dave de encontrar uma necessidade ainda não atendida, oferecendo algo melhor ou diferente do que já está disponível, e o entregando de tal forma que o cliente pagará por isso com prazer, mesmo que ele não precise.

Quais são as emoções que cercam seus sonhos e objetivos? Positivas ou negativas, podem afetar seus pensamentos e, consequentemente, seus resultados de maneira profunda. Cultive a capacidade de reconhecer suas emoções, assumir o controle delas e as direcionar para ações positivas e produtivas que o aproximem da conquista de seus objetivos.

CAPÍTULO 8

CONQUISTANDO A MONTANHA

Não existem limitações para a mente,
exceto aquelas que reconhecemos.

– NAPOLEON HILL

Assim como Dave McInnis se propôs a fazer algo que ele nunca tinha feito antes e conseguiu subir ao topo sem recursos ou experiências, Werner Berger esteve no pé da montanha, desafiou ótimas oportunidades e chegou ao topo – tanto figurativa como literalmente.

A partir de seu humilde começo em uma casa de fazenda de três quartos sem eletricidade ou água corrente, Werner tornou-se consultor internacional de liderança corporativa e fundador e presidente da Strategic Results International, que se concentra na criação de vibrantes ambientes colaborativos.

Ele também é especialista em potencial humano. Suas realizações e feitos são muitos, incluindo o recorde de pessoa mais velha na Terra a ter escalado o pico mais alto em cada um dos sete continentes do mundo.

Como se verifica, o mesmo conjunto de princípios permitiu que ele escalasse tais alturas tanto na Terra quanto nos negócios.

TUDO COMEÇA COM ATITUDE

Ao se preparar para escalar uma montanha, Werner tem um conjunto de objetivos muito claros e convincentes.

> Eu conheço a consequência das minhas ações – o custo de fazer e não fazer. A montanha se importa se eu me esforcei muito para ficar em forma? Não, apenas os meus companheiros de equipe e eu. Depois de anos treinando, não tenho a mesma paixão por malhar. E daí? A montanha não se importa. A única pergunta – "Desejo chegar ao topo e voltar em segurança?" – eu decido. Enquanto as recompensas, emocionais, espirituais e/ou financeiras, superarem o custo pessoal, não me dou nenhuma opção. Malho ou saio da missão. É realmente simples assim. Faça ou não faça. Você escolhe!

> Infelizmente, tenho experiência com muitos que disseram "eu escolho fazer" e então não fazem nada. Isso me entristece, já que eles apenas se enganam. É perfeitamente normal "não fazer". Não é legal dizer sim e depois não fazer. Você é ou não é a sua palavra. Também aprendi que, no momento em que realmente sigo a minha palavra, minha vida muda O que acontece é uma mudança no *ser*. Eu encorajo, rezo e desafio todos a entrarem nessa declaração de mudança de vida. É uma decisão que leva uma fração de segundo e transforma tudo.

A ideia de escalar o pico mais alto em cada continente é tão desafiadora que poucos tentariam. Ainda menos a completariam, achando-a muito difícil e monumental, e desistindo de maneira muito fácil e conveniente. Tais objetivos exigem uma tremenda preparação e condicionamento mental – o mesmo tipo de condicionamento que se deve seguir para conseguir qualquer objetivo.

Dr. Hill disse: "Uma das principais fraquezas da humanidade é a familiaridade do homem comum com a palavra 'impossível'". Werner certamente teve ampla oportunidade de desistir de seus objetivos porque pareciam muito impossíveis de se alcançar – mas ele não o fez. O que o manteve motivado e determinado foi uma atitude positiva de que ele não aceitava desistir, mesmo quando as coisas ficavam difíceis. Ele diz que, a partir de sua experiência nas montanhas do mundo, concluiu que "a atitude é tudo", como se refere a uma escalada agradável e bem-sucedida. Suas três tentativas de alcançar o topo do Denali (monte McKinley) são um excelente exemplo disso.

> Na minha primeira tentativa, uma mulher da Inglaterra fazia parte do nosso pequeno grupo. Seu motivo para estar na montanha era provar aos seus parceiros do banco que ela poderia manter sua posição contra os "meninos" – não é uma boa razão para estar em uma montanha que já tirou mais de 120 vidas. Em uma ocasião, quando nos aproximamos de uma seção íngreme da subida, ela deixou escapar uma bobagem e disse: "Nós temos que escalar isso?". Meu pensamento foi "Sim, por isso estamos aqui, não é?!". Desnecessário dizer que ela abandonou na metade da nossa aventura de 24 dias. Nós, também, não chegamos ao topo, já que, literalmente, fomos expulsos da montanha a apenas sessenta do cume por ventos de alta velocidade, rajadas e nuvens que começaram a ofuscar o terreno. Nós escapamos de ficar presos no alto e voltamos para o acampamento,

que ficava aproximadamente novecentos metros abaixo, pouco antes da meia-noite.

Na segunda vez, ficamos presos no mesmo acampamento no alto. Dessa vez, o grupo era maior. Inesperadamente, uma nevasca se aproximou e atingiu nossas barracas, despejando toneladas de neve sobre nós durante nove dias. Na ocasião, tivemos que levantar mais de uma vez por noite para tirar a neve das nossas tendas em colapso. Durante o dia, reforçamos cada barraca construindo duas paredes de bloco de neve ao redor de cada uma, para em breve novamente tudo ser levado pelos ventos devastadores. Em nossa equipe tivemos alguns sentimentos muito contraditórios sobre a situação. Alguns se dedicaram às tarefas com energia e vigor, criaram esculturas de neve sob a neblina, jogaram jogos competitivos, escreveram e/ou leram dentro das barracas tomadas pela neve, enquanto outros desesperadamente desejavam estar em outro lugar. No dia cinco, um grave estado de letargia se estabeleceu no último grupo, até o ponto de preocupação real. Eles ficaram pálidos, mostraram sinais de problemas devido à altitude e quase não se arriscaram a sair de seus sacos de dormir. Tudo o que eles podiam pensar era no calor e na segurança do lar, enquanto o resto de nós estava rezando para uma pausa no tempo e a última chance no topo. Em vez disso, os deuses do clima nos apresentaram uma pequena janela climática, apenas o suficiente para escapar.

Essas situações ensinaram a Werner duas lições importantes:

> Escolhemos estar naquela montanha – devemos esperar adversidades potenciais. Quando a adversidade ocorreu, tivemos a opção de pensar de forma neutra ou negativa sobre isso – os pensamentos neutros permitiram ações positivas, enquanto os negativos levaram a sentimentos negativos. Esses sentimentos culminaram em comportamentos adversos e, claro, deterioração física, mental e emocional.

Eles também consolidaram na mente de Werner a correlação essencial entre atitude e resultados. "Mude sua atitude, mude seus resultados, mude sua vida!"

A ESCALADA NUNCA ACABA

Sem dúvida, Werner é uma pessoa ativa. Suas realizações físicas seriam surpreendentes mesmo para um homem muito mais jovem. O progresso que ele fez de sua infância e vida até o sucesso que ganhou nos negócios exigiu grande compromisso, atenção e tempo. Esses feitos não vêm facilmente – você não pode ser um espectador do seu próprio sucesso.

Com tanta atividade, progresso e envolvimento em seus objetivos, é fácil entender por que Werner teve dificuldade quando vendeu sua empresa.

> Aos quarenta e três anos, vendi a empresa, aparentemente aposentado, e logo morri – isto é, no sentido emocional. Veja, eu tinha me afastado, e não em direção a alguma coisa. Um ano depois, perdi a riqueza da nossa família, primeiro por causa de uma taxa de hipoteca de 18% e depois por causa da queda do mercado de ações de 1981. Enquanto isso, a minha ex tinha iniciado o seu próprio negócio bem-sucedido, enquanto eu me transformei em dono de casa. Não demorou muito para que a "síndrome da dona de casa" surgisse... por eu fazer a mesma coisa repetidamente em um ciclo sem fim de não apreciação e não realização.

Dois anos depois, eu estava uma pilha de nervos, assumindo os trabalhos mais mundanos para simplesmente sair da casa. Eu tinha que encontrar algo desafiador, algo para me inspirar.

Demorou mais dois anos para a próxima descoberta de Werner chegar.

Tive a oportunidade de me juntar a um grupo de consultoria que se tornou minha salvação. Como louco, estudei módulos de treinamento funcional e habilidades interpessoais, projetados pela Wilson Learning Corporation, aproveitei todas as minhas experiências passadas como dono da empresa (e chefe de cozinha e lavador de garrafa), e gradualmente montei uma base de clientes confiantes. Formei-me em consultoria de atendimento ao cliente, para venda consultiva, excelência gerencial, liderança de alto nível e, finalmente, formando treinadores em treze diferentes tecnologias. Depois de quatro anos, me encontrei. Gradualmente, esse grupo de nove consultores altamente eficientes e independentes diminuiu até eu ser o último a sair. Eu estava envolvido em muitos negócios e ainda estava esperando por um milagre. Três meses depois, a empresa declarou falência. Eu estava na fase final de um divórcio e deixei para trás quase um milhão de dólares de negócios, mas meu bem-estar emocional e minha vida raramente foram melhores.

Em 1982 participei do EST (curso cujo objetivo era trazer à tona ideias de transformação, responsabilidade e possibilidade), de Werner Erhard. O facilitador nos pediu para pensarmos em três coisas que gostaríamos de fazer antes de morrermos – algo que provavelmente nunca faríamos. O que veio à mente foi "escalar os montes Kilimanjaro e Matterhorn e caminhar até o acampamento-base do monte Everest". Dois anos depois, meu filho aventureiro, Paul, me pediu para ir ao acampamento-base do Everest. Aceitei, e, em 1992 nos encontramos na magnificência do Himalaia, no Nepal. Ali surgiu um novo caso de amor (ou paixão). Mais uma vez, lembrei-me da magnificência de toda a criação e, com admiração e humildade, inclinei-me para a varinha mágica do criador. Desde então, me tornei a pessoa mais velha da Terra a ter escalado o ponto mais alto de cada um dos sete continentes (incluindo o monte Everest); estive no topo do Kilimanjaro quatro vezes e continuo a liderar expedições transformacionais de liderança para lugares remotos e mágicos.

Werner dominou a arte da perseverança contra as probabilidades. Ao longo da vida, ele teve que se reinventar para atingir seus objetivos. Não é uma pequena coincidência que ele tenha sido homenageado com o primeiro prêmio Life Reimagined. Como Dave McInnis, ele reconhece que houve momentos em que estava realmente com medo – mas não permitiu que esse medo atrapalhasse o seu objetivo. Ele simplesmente continuou.

> O medo não tem desempenhado um papel na minha escalada. E isso não significa que eu nunca tenha medo – apesar de esconder meu medo, especialmente de mim mesmo. Durante anos, me permiti ser consciente de mim mesmo (na verdade, inconsciente), desejando ser invisível. Eu não tinha percepção de mim mesmo. Eu me percebia tímido, não fazia ideia de que isso era simplesmente uma condição da minha mente e não reconhecia quem eu era. Em retrospecto, ainda me pergunto: "Como alguém pode não ter a sensação da verdadeira magnificência de si?". Em última análise, isso é tudo o que existe na vida.

Nas montanhas, são esperadas situações inesperadas. Nesses momentos, a única questão é: "O que precisa ser feito agora?". É sempre sobre o que vem depois, e nunca sobre "pobre de mim". Simplesmente não há tempo para isso. Nenhuma recompensa. Embora seja verdade em muitas circunstâncias, especialmente nas montanhas, essa força de caráter pode se evadir de mim em situações interpessoais. Minha tendência é ainda lutar ou fugir, e, contrariando ambas, chego de volta ao meu compromisso de ser minha palavra, mesmo no espelho.

A VISTA DO TOPO

Atitude, ação e compromisso: ao ouvir Werner contar os altos e baixos, desafios e vitórias de sua vida, esses são os traços de caráter que transparecem. Eles são os traços que o ajudaram a subir na vida, contra as adversidades... e o que o capacitou para transformar seus pensamentos em realidade e suas ideias em prêmios.

No entanto, para Werner, como para muitos de nossos empresários, o sucesso não é apenas uma conquista, um prêmio ou um título. É definido pela maneira como ele vive.

> Simplesmente, o sucesso é ter saúde, amar sua vida e as pessoas que o rodeiam e aproveitar as contribuições que você está oferecendo ao mundo. A isso, gostaria de acrescentar: liberdade para fazer o que você ama e ter dinheiro suficiente para sustentar isso.

Tendo conquistado sucesso pessoal e profissional, alguém pensaria que não sobraram muitos objetivos na lista de desejos de Werner. Mas, para esse executor e realizador, o horizonte está sempre em expansão. Sua próxima busca? Lançar uma iniciativa global de paz. Enfim, ele quer ser lembrado por mais do que os registros que ele estabeleceu. Ele quer fazer a diferença no mundo.

> Quero que sejamos lembrados como instigadores que levaram a uma mudança global no pensamento e a uma resolução de todos os conflitos através da boa vontade e da colaboração. Não podemos continuar vivendo em um mundo-cão onde reinam a competição, diferenças religiosas que levam à licença para matar, pobreza exacerbada pelo gasto injustificável com armas, danos ambientais impostos em nome do progresso, e então esperar um futuro feliz e próspero.

Solicitado a oferecer algumas palavras de sabedoria para outros aspirantes a empresários e aventureiros, Warner compartilhou sua convicção de que o sucesso em qualquer coisa, grande ou pequena, é possível para qualquer um, mas exige uma verdadeira interdependência entre famílias, amigos, relações comerciais, sociedades e nações. Em outras palavras, independentemente da montanha que você possa escalar na vida, haverá momentos em que precisará alcançar e ajudar alguém no caminho, e outros em que vai precisar de alguém para lhe dar a força mental ou física para chegar ao topo.

Basta lembrar que, enquanto você tiver uma atitude positiva e estender essa atitude para os outros, não importa como você dá o próximo passo. O objetivo é seguir em movimento, um passo de cada vez.

CAPÍTULO 9

SILENCIANDO OS CRÍTICOS

Coloque seu pé sobre o pescoço do medo da crítica, decidindo não se preocupar com o que as outras pessoas pensam, fazem ou dizem.

– NAPOLEON HILL

O medo é uma palavra de quatro letras que pode ter impacto devastador em um negócio. No entanto, certo nível de medo é saudável – isso nos impede de desperdiçar dinheiro com ideias pobres. Às vezes, nos faz voltar e examinar nossos motivos, propósitos, e planejar mais de perto para avaliar se estamos dispostos a assumir o risco. Uma dose saudável de medo pode realmente nos ajudar a tomar decisões melhores.

Mas como o medo afeta as pessoas que entram em território inexplorado e aqueles que foram pioneiros no desconhecido em busca de seus sonhos e objetivos?

Vamos voltar para a época dos anos 1940. A Segunda Guerra Mundial dominou as notícias, e milhões de homens se registraram para o recrutamento. Na mesma década, o McDonald's abriu seu primeiro restaurante, em San Bernardino, Califórnia. A Jeep e o Super-homem também fizeram suas estreias. O sal Morton entrou em nossas cozinhas, e os pneus de borracha sintética foram introduzidos em nossos carros. O computador Mark I foi inventado em 1944, seguido do primeiro computador digital eletrônico, em 1946. O físico Harold Lyons construiu o primeiro relógio atômico do mundo, e, de forma mais leve, aprendemos que todos amam um Slinky (brinquedo tipo mola "preguiçosa") e como a Silly Putty (massinha de modelar) pode ser divertida.

Na mesma década que foi introduzida a penicilina como cura para as doenças, outro caminho histórico estava sendo esculpido no campo médico – um que ajudou e inspirou muitos a buscarem tratamentos e carreiras médicas não tradicionais e obter seus notáveis benefícios. Esse caminho foi desenhado por uma pioneira, Dra. Gladys Taylor McGarey.

A Dra. Gladys tem testado remédios por mais de sessenta anos. Ela foi a primeira médica a utilizar a acupuntura nos Estados Unidos, abriu terreno para o parto natural e é conhecida em todo o mundo como a Mãe da Medicina Holística. Hoje ela é a cofundadora da Associação Americana de Medicina Holística e da Academia de Parapsicologia e

Medicina. Ela tem noventa e três anos de idade. A história dela é uma história de sucesso com consequências históricas.

O "COMO" VIRÁ

Dra. Gladys sempre soube que queria ser médica, embora fosse extremamente raro as mulheres entrarem para essa área. Afinal, na década de 1940, o papel da maioria das mulheres era ser dona de casa e mãe. Poucas trabalhavam fora, muito menos se aventuravam em carreiras não tradicionais, que eram reservadas para homens pela sociedade. Suas aspirações a levaram para um extenso território inexplorado.

Como ela superou os obstáculos que certamente se apresentaram durante o processo? O que passou em sua cabeça e a motivou a seguir caminho ao se aventurar no campo médico antes que as mulheres fossem aceitas com os braços abertos? Sua história extraordinária contém lições de que todos podemos nos beneficiar e que podem nos inspirar até hoje.

> Como, desde os dois anos, eu sabia que tinha que ser médica, não era algo que eu tivesse que decidir. Só tinha que decidir como ia fazer isso acontecer. Saber que eu deveria me tornar médica me deu força para enfrentar os obstáculos que se apresentaram. Foram irritações e, por vezes,

obstáculos, mas nunca foram sinais para parar. Já que eu tinha uma dislexia grave, meu desafio era interno, e as obstruções do lado de fora eram coisas com as quais eu só teria que lidar quando fosse confrontada por elas. Tive que aprender a encarar as coisas como elas vinham e a lidar com elas da melhor maneira possível.

A Dra. Gladys tinha confiança em si mesma e grande crença no propósito de sua vida. Talvez o maior medo que tenha enfrentado fosse o da crítica. Afinal, era uma mulher entrando em um campo dominado pelos homens. Segundo o Dr. Hill, o medo da crítica "é quase universal quanto o medo da pobreza, e seus efeitos são fatais para a realização pessoal, principalmente porque esse medo destrói a iniciativa e desencoraja o uso da imaginação". Para conquistar, a motivação deve ser maior do que o medo. Ambos são emoções poderosas que têm o potencial de nos fazer avançar ou nos deter. Para a Dra. Gladys, a motivação superou tudo e a manteve em movimento sempre em direção ao seu objetivo, afugentando as vozes da crítica, desaprovação e dúvida.

A CONEXÃO MENTE/CORPO

No entanto, ela é rápida em reconhecer o profundo impacto que as emoções podem ter na nossa saúde e a importância de estar em sintonia com o que está acontecendo no nível emocional.

"O perdão é enorme. Preciso me perdoar e aos outros para que eu possa seguir a vida. A palavra nos diz o que fazer. Podemos agradecer pela oportunidade de experimentar qualquer que tenha sido aquela lição de vida. Isso pode levar anos, e talvez nunca possamos alcançar completamente nosso objetivo, mas o caminho é muito mais saudável e agradável do que ficar com ressentimentos. Torna-se como uma cicatriz que foi curada, em vez de uma ferida da qual sempre estamos tirando a casca."

A Dra. Gladys acredita que o oposto do amor não é raiva – é apatia. "A raiva é energia e às vezes é muito apropriada. Se ficar cega, torna-se ódio, e isso é um assassino. Se ficar presa, pode causar doenças. Mas a apatia para todo movimento de energia e o fluxo da vida. Nada de bom pode acontecer quando a apatia está no controle, não há crescimento, apenas decadência. Remove a luz e o leva para a escuridão."

Como médica bem-sucedida, internacionalmente renomada, a Dra. Gladys viu os benefícios de cura não apenas da doença e do corpo, mas também da mente e do espírito. Sua visão de uma abordagem integrada do oriente/ocidente para o bem-estar tem muitos aspectos.

> É misturar a arte e a ciência da medicina – recuperando o rosto feminino [compaixão] da medicina. Permite que a força da vida, ou espírito, seja ativada para que a Vida por si se torne a curadora. Reivindica a vida, entendendo que lidamos com doenças, mas não essas doenças. A longo prazo, o amor é o que faz a cura. As modalidades oriental e ocidental são apenas formas diferentes de praticar a arte e a ciência da medicina, e elas se misturam muito bem se lhes dermos uma chance. É como mover-se para a luz.

A Dra. Gladys gosta de dizer que ela tem "noventa e três anos, e sem receita". Ela certamente é uma raridade, e os métodos de tratamento e as metodologias em que foi pioneira contribuíram para sua excelente saúde e longevidade. Para ela, trata-se de assumir o controle de si mesmo e da liberdade de fazer as melhores escolhas para você.

> Se eu achar que uma receita é indicada em algum momento e eu decido tomá-la, posso deixar que ela faça o trabalho que sabe fazer e deixar de lado

> as partes do meu corpo que estão funcionando bem. Dessa forma, eu a reconheço como um adjuvante; eu mesma me curo.

O fato de que a mente é tão poderosa que realmente pode curar o corpo é fascinante – de acordo com a filosofia do "Penso e acontece" do Dr. Hill. Embora tenha aplicado o poder positivo do pensamento a experiências como o parto natural e o tratamento de doenças, a Dra. Gladys reconhece prontamente o impacto dos pensamentos em questões mais amplas, incluindo felicidade e sucesso profissional.

> Os pensamentos são coisas vivas que criam outros pensamentos, que são coisas vivas. Eles também são ímãs. Atraem pensamentos e pensadores. Os pensamentos criados provêm do que deixamos que eles criem. Qual é o nosso ideal? Para o que temos que viver? Para que eu quero melhorar? Eu, pessoalmente, escolhi viver na gratidão.

Em outras palavras, se nossos pensamentos são de boa saúde e bem-estar, produziremos exatamente isso – em todos os aspectos de nossas vidas. Se nos estendermos sobre o que queremos, esses pensamentos realmente atrairão e criarão a contraparte viva. A mesma informação compartilhada por Napoleon Hill em *Quem pensa enriquece – Edição oficial e original de 1937* pode ser aplicada aos negócios, sucesso, felicidade e, como o trabalho de uma vida inteira da Dra. Gladys demonstra, até à nossa saúde.

DA CRENÇA PARTICULAR AO SONHO COMPARTILHADO

É claro que a mente é um reservatório poderoso. Não só pode dar à luz pensamentos, mas também pode inspirar e nos motivar a persegui-los. Tem a capacidade de mudar o resultado de praticamente todos os aspectos das nossas vidas, caso prestemos atenção e nos permitamos fazer isso.

Então, como trazemos esse poder à tona? Como médica, como a Dra. Gladys convence seus pacientes de que suas técnicas têm mérito e os beneficiarão – mesmo quando eles não compartilharem a mesma crença?

> Se eu tiver uma ideia e não souber o que a outra pessoa pensa, posso simplesmente pendurar essa ideia lá fora e ver se a pessoa se agarra a ela, a rejeita, ou a ignora e responde à sua maneira. Se acho que é um conceito importante e ela não o aceita, posso apenas trazê-lo repetidamente, até que pense que é sua própria ideia original. Missão cumprida. Na maioria das vezes, um argumento

não faz muito. A reformulação é muitas vezes muito útil, mas, se for importante, não desisto.

A lição? Nem todos concordam com uma ideia – mas isso não significa que não vale a pena persegui-la. Se for um conceito importante, deve-se sempre ir atrás dele, se necessário.

A Dra. Gladys usou esses princípios para se tornar uma figura pioneira no campo da medicina, e fez isso sem medo da crítica. É um princípio que ela ensina em sua prática, pois ajuda as pessoas a curar o corpo com a mente. Ao ter essa postura, ela fez história enquanto causava impacto positivo em milhares de vidas.

Pensamentos são seres vivos – capazes de mudar não apenas a sua vida, mas também a vida de incontáveis outras pessoas. É sua responsabilidade nutrir seus pensamentos desde a infância, protegê-los das forças externas que os prejudicariam ou até mesmo poderiam destruí-los, e levá-los à maturidade para que eles possam ter uma vida magnífica própria.

CAPÍTULO 10

A TRÊS PASSOS DO OURO

O que não vemos, o que a maioria de nós nunca suspeita existir, é o poder silencioso, mas irresistível, que vem ao resgate daqueles que lutam face ao desânimo.

– NAPOLEON HILL

Na mesma década em que a Dra. Gladys estava entrando na área médica para salvar vidas, a Segunda Guerra Mundial estava tomando vidas. Alguns lutaram na batalha e sobreviveram. Outros não se envolveram na guerra, mas, no entanto, lutaram pela sobrevivência. As vítimas do Holocausto tiveram suas próprias feridas de batalha, que lhes custaram tanto física quanto mentalmente. Aqueles que estavam em campos de concentração tiveram que confiar em uma determinação interior para suportar as realidades de serem mantidos em cativeiro – uma determinação baseada na fé, mas cimentada pela força.

O filme de Steven Spielberg vencedor do Oscar, *A lista de Schindler*, retratou cenas que muitos prisioneiros do Holocausto experimentaram todos os dias. Os contos de sobrevivência embutidos em suas memórias são exemplos de força e perseverança que prevaleceram mesmo nas situações mais brutais. Jack Beim é um desses sobreviventes. O comportamento calmo de Jack fala de graça e dignidade, mas suas palavras contam uma história de incrível força e fortaleza que supera a compreensão de uma pessoa comum.

SOBREVIVENDO NA ESPERANÇA

Jack era menino quando se tornou prisioneiro. Uma das suas primeiras memórias é de quando escolhiam e separavam os prisioneiros em linhas que selariam seus destinos. Devido à idade, ele foi considerado útil e categorizado como trabalhador. Entretanto, seu pai e seu irmão mais novo foram colocados em uma linha diferente. Sabendo o que aconteceria, seu pai empurrou o filho mais novo para outra linha, com a intenção de salvar a vida dele.

Todos os dias, Jack foi forçado a executar extenuante trabalho físico, mas duas coisas lhe deram força para continuar. Uma era esperança; a outra era seu irmão. Muito jovem para um trabalho físico, seu irmão era deixado para trás. A comida era, no mínimo, escassa, e seu irmão arriscava a própria segurança e o bem-estar para esconder um pedaço de pão para dar ao irmão mais velho. A lealdade familiar e o altruísmo ajudaram Jack a suportar os momentos mais sombrios.

Durante seus anos em campos de concentração, Jack era espancado com frequência. Suas habilidades de observação cresceram depois de testemunhar um ritual diário de mortes. Logo aprendeu a observar de onde vinham os tiros e para onde eles eram apontados, e a correr na direção oposta. Sem sinal de libertação iminente, a esperança estava por um fio – mas era a esperança que o observava através das horríveis condições e experiências a que ele estava exposto durante a prisão. Quando perguntado como conseguiu – como suportou a fome, a dor e a brutalidade –, ele respondeu: "Esperança. Eu tinha uma chance... se eu permanecesse vivo".

Era bem sabido que escapar não era uma opção. Apesar de os prisioneiros superarem em número os guardas, os guardas estavam fortemente armados. Seus cachorros encontrariam o que suas balas perdessem. Aqueles que estavam presos nos campos tinham apenas uma escolha: ficar no campo, fazer o que lhes diziam e esperar que vivessem o suficiente para experimentar a liberdade. Para aqueles que ainda estavam do lado de fora, a escolha era bem clara. A única maneira de evitar a prisão ou a morte, a única maneira de sobreviver, era se esconder.

Tal foi o caso da esposa de Jack, Adele, que tinha apenas cinco anos quando se tornou o que ficou conhecido como "uma criança escondida".

Um dia, sem aviso prévio, Adele foi enviada para viver com um dos clientes de seu pai. Depois que seus avós foram tirados de casa e empurrados para os caminhões, seu pai a levou para outra família, para mantê-la segura. Originalmente, eles foram convidados a mantê-la por alguns meses. Aqueles meses se tornaram três anos. Uma igreja encontrou outra casa para seu irmão. Como muitos judeus, eles permaneceram escondidos. Sem permissão para ir à escola, ela também não podia ir para a cidade ou ver sua família. Durante as buscas domiciliares, ela subiu e ficou escondida entre as tábuas da casa, tremendo de medo e – embora fosse apenas uma criança – plenamente consciente de que, se alguém soubesse que ela era judia, ela seria morta.

Naturalmente, Adele perdeu os pais e a família. No início, passou muitas noites chorando. No entanto, estava ciente de que, quando estava escondida, não podia chorar ou emitir qualquer som. Como os prisioneiros em campos de concentração, sabia que sua sobrevivência exigia que aceitasse suas condições.

Experiências traumáticas deixam cicatrizes emocionais. Essas cicatrizes se revelaram quando Adele conseguiu retornar à sociedade, à família e à escola. Após a guerra, ela era a única criança judia na escola e uma criança de oito anos que acabara de entrar no jardim de infância. Para ajudá-la a se ajustar, seus pais a colocaram no sistema escolar Montessori, mas ainda assim ela se sentia como uma pessoa inferior aos outros. Era acanhada e tímida, com medo de que os outros não gostassem dela por ser judia, compreensível, dadas as circunstâncias do início de sua vida. Essa insegurança e o complexo de inferioridade levaram tempo para serem superados. Sentir-se "menos" não é fácil, mas ela aconselha outros que sofrem dos mesmos sentimentos a serem mais fortes e se amarem.

Depois de muitas décadas, Adele entende que o trauma nos torna mais fortes, o que faz com que ela aprecie o que tem. Ao longo dos anos, ela e seu marido compartilharam suas experiências individuais de sobrevivência com seus filhos. Tem sido o objetivo deles proporcionar aos filhos uma vida mais feliz do que a que eles tiveram. Esse objetivo foi concluído.

Os sobreviventes do Holocausto podem nos dar uma lição de esperança. Não havia nenhum fim à vista, nenhuma data marcada no calendário que significaria o fim de ser mantido em cativeiro. A libertação não era certa. Era apenas um desejo – a única coisa que os fazia continuar mais uma hora, mais um dia, semana, mês e ano.

CONTINUE CAVANDO

É provável que nenhum de nós tenha que suportar o tipo de provas inimagináveis que Jack e Adele enfrentaram na juventude. Mas todos nós atravessamos momentos difíceis, quando somos tentados a aceitar a derrota e devemos cavar fundo para encontrar a força interior. É fácil perder a esperança em tempos difíceis. Quando o sucesso não é uma certeza, às vezes não podemos ver além dos nossos desafios imediatos e imaginar a possibilidade de que nosso objetivo, nosso sonho, possa realmente existir.

Muitas pessoas nunca experimentaram o sucesso simplesmente porque desistiram muito cedo. Na verdade, a maioria dos aspirantes a empresários que desistiram faz isso quando está mais perto de alcançar o sucesso do que nunca. Eles apenas não sabem disso.

Durante a histórica corrida pelo ouro americano de 1849, milhares de futuros mineiros viajaram a San Francisco para reivindicar sua participação na fortuna que foi enterrada sob o solo que mais tarde se tornaria o estado da Califórnia. Como em quase todo esforço que vale a pena, o sucesso não era uma certeza e exigia trabalho árduo e paciência. Os *forty-niners* (garimpeiros), como eram chamados, descobriram que a mineração não era fácil – o trabalho era enfadonho, difícil e muitas vezes perigoso. Com picareta e pá, eles cavavam o solo sob o sol da Califórnia, do amanhecer até o anoitecer. Seu único incentivo e motivação era a esperança.

Não era segredo que levaria tempo. Nenhum dos mineiros pensou que acharia ouro na primeira tentativa. Mas poucos estavam preparados para o fato de que seus esforços levariam meses ou mais. Centímetro por centímetro, o trabalho era cansativo, sem recompensa ou pagamento. Os mineiros acabavam percebendo que seus esforços eram inúteis e mudavam para um novo local onde suas perspectivas pudessem ser melhores, ou desistiam completamente.

Assim, a mineração do ouro ganhou a reputação de ser uma busca de "tentativa e erro". Tente e erre, tente e erre, tente e erre novamente. Foram aqueles indivíduos que estavam dispostos a falhar sempre que necessário que, no fim, conseguiram. Aqueles que guardaram as pás quando falharam foram embora com as mãos vazias e desiludidos com seus sonhos. Pouco sabiam que, quanto mais tempo persistissem, mais provável seria o sucesso. A recompensa – o ouro que os levou até o local – estava ao seu alcance, a poucos metros de distância, quando eles desistiram. Não podiam ver além do presente e a possibilidade de sucesso. Como resultado, perderam a esperança.

Lembre-se do que Jack disse sobre a esperança, permitindo-lhe sobreviver aos campos de concentração: "Eu tinha uma chance... se eu permanecesse vivo". Os mineiros tinham uma chance, mas apenas se não abandonassem a esperança. O mesmo princípio se aplica a qualquer esforço que você realize. O momento em que o sucesso parece impossível é precisamente quando você precisa encontrar a determinação interna, a força e a fortaleza para continuar, pois é nesse momento que você está mais perto possível do sucesso.

Só porque você não pode ver a libertação ao virar a esquina, isso não significa que não vai acontecer. Só porque você ainda não atingiu o ouro não significa que ele não está lá. Com apenas um pouco mais de escavação, você vai encontrá-lo. Mas primeiro você deve desenterrar a força para continuar tentando. Você tem uma chance, mas apenas se mantiver seus sonhos vivos.

A força mental e emocional para superar desafios e obstáculos é um pré-requisito para o sucesso. Sempre haverá desafios e obstáculos. No final, essas coisas terão menos impacto em seu sucesso do que sua força para superá-las. Quando você substitui a dúvida e o desapontamento por perseverança, força e fortaleza, encontra uma maneira de transformar seus pensamentos, ideias e objetivos em realidade.

Como Napoleon Hill disse: "Pensamentos misturados com determinação de propósito, persistência e um desejo ardente são coisas poderosas".

CAPÍTULO 11

FALHANDO PARA TER ÊXITO

A oportunidade muitas vezes vem disfarçada sob a forma de infortúnio ou derrota temporária.

– NAPOLEON HILL

Sem dúvida, o medo do fracasso pode transcender a realidade. Afinal, os pensamentos se tornam realidade. Se o medo se origina no ceticismo dos outros ou é resultado de períodos de difíceis lutas, ele pode ser bastante real e fazer com que muitos desistam. Alguns podem nem tentar, enquanto outros podem se ver tentados a desistir muito apressadamente. Eles perdem a esperança inicial e a motivação que estimularam sua ideia e se resignam ao fracasso iminente.

Lembre-se, porém, de que o medo do fracasso é apenas um pensamento, e não é o pensamento que é mais importante – é a ação que você dá a esse pensamento e a perspectiva a partir da qual você o vê. É o resultado do pensamento que terá o maior impacto. Por exemplo, se o medo do fracasso desencadeia um desejo mais forte de superar os obstáculos, você tentará mais e provavelmente progredirá. Por outro lado, se o pensamento de falhas potenciais incutir tanto medo a ponto de você ter receio de tomar qualquer atitude, o fracasso é inevitável.

Este capítulo examina o medo sob uma perspectiva nova e bem diferente à medida que exploramos a possibilidade de que o fracasso pode ser um elemento positivo no eventual sucesso. Esse princípio foi comprovado ao longo da história entre alguns dos maiores empresários, incluindo os entrevistados pelo Dr. Napoleon Hill. Vamos dar uma olhada na história e voltar a nos familiarizar com eles.

O grande Henry Ford não desconhecia o fracasso. Antes de fundar a Ford Motor Company, os empreendimentos anteriores à Ford fracassaram e o deixaram falido. Um dos maiores artistas de todos os tempos, o famoso Vincent van Gogh, só vendeu uma pintura durante toda a vida – apenas uma. E não podemos nos esquecer de Thomas Edison, que falhou milhares de vezes na busca para produzir uma lâmpada. Edison entendeu que o fracasso não era negativo – de fato, ele percebeu suas tentativas malsucedidas como passos positivos para o sucesso, como refletido em sua citação agora famosa: "Eu não falhei. Acabei de encontrar dez mil maneiras que não funcionarão".

Essas são algumas falhas experimentadas por empreendedores altamente bem-sucedidos. Eles são acompanhados pelo Coronel Sanders, cuja receita de frango frito Kentucky foi surpreendentemente rejeitada 1.009 vezes antes de ser aceita por um restaurante. R. H. Macy teve sete negócios fracassados antes que sua loja de departamento encontrasse seu sucesso inicial em Nova York. Disseram a Walt Disney que ele não tinha imaginação nem boas ideias. Após várias falhas no negócio, ele pediu falência. Mesmo depois que a Disney se tornou um sucesso, ele se manteve cético e crítico e foi informado de que ninguém pagaria para ver um rato em desenho animado. Hoje o amado Mickey Mouse ultrapassou seu criador, e os parques, filmes e livros de Walt Disney geram bilhões de dólares em lucros.

Levando nossos fracassos para a era moderna, o escritor de *best-seller* Stephen King teve seu primeiro romance rejeitado por trinta vezes. Esse romance, intitulado *Carrie*, acabou se tornando um mega *best-seller* e um grande filme. O primeiro produto da Sony, uma panela de arroz, foi um fracasso total, assim como o primeiro negócio de Bill Gates, o Traf-O-Data.

O que esses empresários têm em comum? Eles não desistiram, mesmo depois de enfrentar rejeição após rejeição e vários fracassos. Como Edison, eles sabiam que cada fracasso os aproximava um pouco mais do sucesso final. A mentalidade desses empreendedores altamente bem-sucedidos me intrigou, então eu queria ver como a possibilidade de falhar poderia afetar os aspirantes a empreendedores em sua primeira busca pelo sucesso. Foi quando conheci Nick Evans, coinventor do aplicativo e dispositivo chamado Tile.

O Tile não é um conceito novo – ele ajuda as pessoas a localizar seus itens perdidos. Nick Evans encontrou uma oportunidade para torná-lo menor, acessível e disponível para mais pessoas. Você simplesmente fixa o dispositivo a um item e liga o seu telefone para encontrar esse item. A beleza do produto é que ele permite ao usuário utilizar a tecnologia dos telefones de outras pessoas, ampliando assim o alcance e o número de pessoas que estão ativamente tentando encontrar o item. Se alguém tivesse um Tile na bicicleta, e ela de repente sumisse, abriria o aplicativo associado em seu *smartphone* e tocaria em um botão que avisa que o usuário perdeu a bicicleta, e o *smartphone* de todos os outros usuários do Tile no mundo começariam a procurar pela bicicleta. Essa tecnologia não é nova, mas Nick e seu parceiro, Mike Farley, viram uma oportunidade de montá-la elegantemente e fazê-la funcionar com uma pequena bateria.

Para começar, conseguiram um investidor financeiro, mas também usaram outra fonte: o *crowdfunding*. Eles organizaram uma campanha com material de marketing e geraram grande interesse. Eles até conseguiram comprar publicidade antes da fabricação, obtendo citações firmes e conhecendo o mercado de seu produto. Ou seja, fizeram a lição de casa. Pedi ao Nick para compartilhar sua definição de fracasso e como isso impactou sua experiência.

> Isso é difícil de responder. Depende realmente de como você olha para ele. O vale inteiro [Vale do Silício] tem uma opinião diferente sobre o fracasso. As pessoas o aceitam um pouco, mas entendem que o fracasso faz parte do caminho do sucesso.

Esse é um conceito fascinante. O Vale do Silício depende da inovação, de invenções constantes e mudanças na tecnologia. Sem falhas, essas invenções não existiriam. Ao desenvolver e lançar tantos produtos e tecnologias novas, porém, com certeza haverá certo grau de falha. Devido a isso, é necessário adquirir a mentalidade de que o fracasso é aceitável e uma parte vital da geração de sucesso. Nesse ambiente, o fracasso não é temido, mas sim considerado um papel positivo na inovação.

Dr. Hill nos disse que “força e crescimento vêm apenas através do esforço contínuo e da luta”. Ainda assim, dada a escolha, é compreensível que a maioria dos inovadores prefira o sucesso ao fracasso. Preferimos que nosso caminho seja suave, contínuo e livre de barreiras ou desvios. A realidade é, no entanto, encontrarmos contratempos e obstáculos ao longo do caminho. Se soubermos que haverá desafios em nossas atividades, como podemos ficar motivados e no caminho certo sem nos desanimar ou desiludir? Nick Evans oferece este conselho:

> Considere as lições que aprendeu e tente novamente. É difícil de fazer isso, às vezes. É especialmente difícil de fazer por causa da pressão externa – por causa de seus próprios pensamentos em torno do fracasso. Se você está envergonhado de dizer às pessoas que vai tentar fazer algo e então você não consegue, e agora tem que enfrentar isso, é natural pensar que precisa parar de se esforçar tanto e se colocar lá ou que talvez precise ser um pouco mais conservador e obter um emprego normal.

Nem todo mundo pode entrar na sua onda e achar a sua ideia convincente. Nick admite que as pessoas pensavam que ele e seu parceiro estavam loucos, mas eles provaram que elas estavam erradas. "Você realmente precisa acreditar em si mesmo. Precisa entender que, mesmo se falhar, ainda está tudo bem."

Como os criadores do Tile viram coisas novas no mercado que tornaram a ideia existente melhor e viável, eles conseguiram aproveitar um mercado enorme. Ao adicionar a tecnologia de pesquisa compartilhada, criaram um componente adicional em seu aplicativo que poderia progredir em outros. Ou seja, sua invenção pode se tornar um modelo que é usado por outros em seus produtos. Isso nos leva a outro medo – o medo de que expor nossas ideias ao público possa resultar em roubo, empréstimo ou cópia. É uma possibilidade, mas, de acordo com nosso empreendedor, isso deve motivar, não nos impedir de buscar nossa visão. "Este é um indicador de que você está fazendo algo certo, que é quando as pessoas estão começando a seguir o seu caminho."

Tile é um novo produto que está gozando de enorme sucesso, embora seus criadores tivessem pouca ou nenhuma experiência em administrar um negócio. Eles não estavam cientes dos obstáculos potenciais que poderiam encontrar; portanto, seu fator de medo era muito baixo. O que eles tinham, no lugar do medo, era uma visão e uma forte crença nela, mesmo que sua tecnologia não fosse nova.

Os dois não estão sozinhos. Outros também criaram sucesso com base em produtos ou serviços existentes e o fizeram porque acreditaram em sua visão. Um fator que contribui para o sucesso deles é a confiança – em si mesmos e em sua ideia. Sem confiança, eles teriam sido mais propensos a ouvir críticos que achavam a ideia muito arriscada e ofereciam conselhos bem-intencionados para não deixarem seus empregos diários.

Os jogadores da NFL (liga de futebol americano) Jacoby Jones e Thomas Smith sequer foram recrutados por uma faculdade. Eles conseguiram suas "oportunidades" como reservas. Estavam dispostos a ter uma chance porque eles acreditaram em seus potenciais. São empreendedores como esses que acabam transformando suas ideias em realidade – pessoas que estão dispostas a correr riscos, enfrentam rejeições potenciais e superam essas rejeições.

O medo é uma parte natural do processo de obtenção do sucesso. Para superar o medo, você pode ter que fazer um esforço consciente e saber de sua presença e impacto potencial em seu objetivo. Sobretudo, precisa ver seus medos como sinais saudáveis e transformar a falha em oportunidade. A próxima vez que o medo ameaçar interromper sua visão, faça estas perguntas a si mesmo:

1. **Do que estou com medo?** Você tem medo de críticas, rejeições ou fracasso? Identifique a origem do

seu medo e provavelmente verá que você pode lidar com rejeição, crítica ou fracasso.

2. **Qual é a pior coisa que pode acontecer?** Seus medos são imaginários – e mesmo se eles aparecerem, sua imaginação provavelmente os transforma em algo maior do que eles realmente são.

3. **Como posso usar o meu medo de forma saudável?** Como nosso empreendedor, você pode usar o medo de uma maneira positiva, vendo isso como um sinal de que você está inserido em algo grande. Deixe-o motivá-lo em direção ao seu objetivo.

E se você experimentar um fracasso na busca por seus objetivos? Primeiro, perceba que você não está sozinho. Na verdade, está em muito boa companhia. Os maiores líderes e empreendedores de todos os tempos falharam. O que os distingue é que eles aprenderam a aplicar cada falha no seu sucesso futuro. Faça a si mesmo estas perguntas quando encontrar obstáculos ou experimentar falhas:

1. **O que deu errado?** Ao identificar o que não funciona, você está um passo mais perto de encontrar o que funciona. Nesse caso, o fracasso é uma coisa boa!

2. **Como posso corrigir o meu percurso e alcançar meu objetivo?** Use uma lição dos navegadores profissionais. Quando um piloto encontra turbulência,

ele não volta. Quando um capitão navega em mares tempestuosos, ele permanece em curso. Eles percebem que essas são situações temporárias e que eles devem manter seu rumo. Retornar ou abandonar o navio não é uma opção.

3. **Como posso usar esta experiência de forma positiva?** Muitas vezes, os obstáculos e as falhas nos fornecem respostas e soluções que irão revelar aonde precisamos ir e o que precisamos fazer para superá-las. Deixe-os motivá-lo enquanto você percebe que eles o aproximaram do sucesso que deseja alcançar. Encontre a oportunidade na experiência para transformá-la em positiva, e você estará mais motivado e inspirado do que nunca ao fazer de suas ideias a realidade que elas podem e devem ser.

CAPÍTULO 12

LIDERANDO PARA VIVER A RIQUEZA

É realmente verdade que você pode ter sucesso melhor e mais rápido ajudando os outros a ter sucesso.

– NAPOLEON HILL

Às vezes, as maiores oportunidades da vida chegam quando menos esperamos. Nesses momentos, temos uma escolha. Podemos recuar diante do medo e da falta de certeza, cedendo às nossas próprias dúvidas e ao desânimo dos outros, ou podemos encarar o desafio, escolhendo aqui e ali para aceitar o destino que nos foi apresentado, e reunindo os recursos para ser digno disso.

Quando Dina Dwyer-Owens tinha trinta e cinco anos, a morte de seu pai deixou a empresa de serviços fundada por ele, o Grupo Dwyer, órfã de presidente e CEO. Dina foi convidada a ocupar o cargo dele – um pedido que não foi aprovado unanimemente na organização. Ela sabia que os outros esperavam que ela fracassasse – na verdade, eles disseram isso a ela. Diante do ceticismo sobre a falta de experiência e conhecimento do setor, ela teve que provar sua capacidade rapidamente e ganhar a confiança dos outros.

Concordando que não tinha experiência, Dina pediu que lhe dessem seis meses para provar que era capaz de fazer o trabalho, e bem feito. Talvez ela não tenha tido experiência executiva, mas era uma cliente e sabia o que os clientes queriam. Esse era o conhecimento que ela estava trazendo à mesa, e finalmente criou um crescimento maciço nos negócios.

Hoje, com mais de trinta anos de experiência e uma série de sucessos fenomenais creditados a ela, Dina ainda atua como CEO e presidente, supervisionando sete marcas da franquia com mais de 1.600 locais ao redor do mundo. Ela foi a empresária do ano de 2012 da Ernst and Young para a área sudoeste e norte e foi destaque no primeiro episódio especial de *O chefe espião: epic bosses* (chefes épicos).

Os valores fundamentais da empresa que ela assumiu, juntamente com os valores pessoais dela e sua convicção de que sempre há espaço para melhorias, formaram o pilar de seu sucesso impressionante.

A CRIAÇÃO DE RIQUEZAS

Embora construir e manter um negócio rentável tenha sido o principal objetivo de Dina – que ela provou ser excepcionalmente boa em alcançar e superar –, não é seu único. Igualmente importante para ela é ter um impacto significativo nas vidas dos outros, especialmente porque ela tenta ajudá-los a criar sucesso em suas franquias.

Seu compromisso com esse objetivo é a extensão natural do legado e da visão fundadora do pai. O Grupo Dwyer foi desenvolvido sob um código de valores baseados em suas crenças empresariais, que ele codificou para que pudessem ser implementados no dia a dia e usados pelos funcionários para se responsabilizarem em prol do mesmo objetivo. Esse código é conhecido internamente como “Vivendo R.I.C.A.”, um acrônimo de Respeito, Integridade, Cliente e Alegria no Processo, e tornou-se a peça central da identidade e marca da empresa.

A eficácia desse código foi testada, no entanto, com a aparição de Dina no programa *O chefe espião*. Sua missão no programa era atuar como funcionária em uma de suas próprias franquias, para descobrir se os valores fundamentais que ela e seu pai haviam trabalhado para incutir estavam, de fato, atingindo a equipe da linha de frente e melhorando a experiência de seus clientes. Embora estar no programa muitas vezes exponha os chefes e mostre pontos negativos em seus negócios, Dina abraçou isso como uma oportunidade para identificar o que estava funcionando e encontrar maneiras de melhorar o que não estava. Suas observações ajudaram a reforçar a marca do Grupo Dwyer e a mantê-la viva.

PRIORIZANDO A POSITIVIDADE

A positividade é outro fator importante no sucesso de Dina. Sua definição de geração do pensamento é "o poder do pensamento positivo", e criar e manter um ambiente e espírito positivos no local de trabalho é uma das características de sua liderança. De acordo com sua experiência, os benefícios de tal ambiente são múltiplos:

- O desempenho é maior em ambientes positivos do que em ambientes negativos.
- Ser positivo resulta em maiores vendas.
- As pessoas positivas são mais resilientes e, portanto, mais capazes de superar desafios e encontrar soluções.
- Pessoas positivas têm menos estresse e tomam melhores decisões sob pressão.
- Elas podem ver além do problema. Têm uma perspectiva ampla, o que permite ver soluções e executar mudanças quando necessário.

Para ajudá-la a manter a positividade em seu negócio, ela é uma ávida estudante de CDs motivacionais, inspiradores, espirituais e educacionais. Fora do local de trabalho, ela se volta para a espiritualidade a fim de obter força e para ganhar e manter a confiança necessária para operar como executiva de alto nível.

Como parte desse compromisso com a positividade, Dina também aconselha os empresários e líderes aspirantes a se esforçarem para serem autênticos – entender quem eles querem ser e quais são seus verdadeiros objetivos, em vez de tentar modelar os objetivos e caminhos dos outros. Nessa mesma linha, ela incita as pessoas a fazerem o que amam e a contratarem outros para cobrir os aspectos dos negócios de que não gostam ou nos quais não são boas.

Como ela diz: "Se você não faz o que ama, será uma tortura. Você deve fazê-lo sem sentir que está trabalhando".

Ajudando os demais a criarem empresas bem-sucedidas, Dina Dwyer-Owens e o Grupo Dwyer compreendem o significado de viver "a riqueza", como Napoleon Hill entendeu – o significado que ele se esforçou para promover em *Quem pensa enriquece – Edição oficial e original de 1937*. Sua visão é impulsionada por valores, não lucros, e como resultado seus negócios são extremamente lucrativos. Seu sucesso é totalmente dependente do sucesso de seus funcionários e franqueados. Como resultado, o sucesso é aproveitado por todos. Cada uma das suas franquias é baseada em uma ideia original original em que o atendimento é o centro do negócio, e seu crescimento, e sustentabilidade podem ser atribuídos a se manter alinhado a essa ideia e aos valores que ajudaram a sua organização.

A maioria das pessoas procura criar riqueza em primeiro lugar e espera uma vida rica e gratificante como resultado. A estratégia oposta é a que você deve adotar. Quando você vive autenticamente, corre atrás de sua paixão e procura apoiar e enriquecer a vida dos outros no processo, esses valores criarão a riqueza material que você está procurando. É a estratégia no coração da filosofia de Napoleon Hill. Funcionou para Dina Dwyer-Owens e The Dwyer Group. E funcionará para você também.

CAPÍTULO 13

DO TRAUMA AO TRIUNFO

A grande realização geralmente nasce de um grande sacrifício, e nunca é o resultado do egoísmo.

– NAPOLEON HILL

Muitas vezes, as sementes de nossos maiores triunfos e avanços são plantadas durante nossas horas mais sombrias e momentos mais desafiadores.

Para Michelle King Robson, fundadora e CEO do *site* de saúde da mulher EmpowHER.com, chegou o momento em que, aos quarenta e dois anos, ela foi submetida ao que mais tarde descobriria ser uma histerectomia desnecessária, e depois sofreu quase um ano de inesperada dor e sofrimento como resultado disso.

Michelle experimentou momentos de verdadeira desesperança durante aqueles meses. Ela até pensou em acabar com a própria vida. Contudo, no meio da crise, aconteceu algo que mudaria não apenas sua vida, mas também a de milhões de outras em todo o mundo.

"No momento em que estava mais por baixo, fiz um acordo com Deus. Se eu pudesse melhorar, me certificaria de que nenhuma outra mulher tivesse que sofrer do jeito que sofri. Não debaixo do meu nariz. Não se eu pudesse ajudar."

Depois de cruzar o país em busca de um médico que pudesse fornecer uma explicação e alívio para seus sintomas – e não recebendo –, Michelle procurou respostas por conta própria, em todos os lugares que pudesse, incluindo, é claro, a internet.

> Postei na *web* continuamente, dizendo: "Estou deprimida. Passei por uma histerectomia completa. Alguém pode me ajudar?". Estava procurando uma mulher como eu. Alguém que tivesse passado pelo que passei. E foi ilusão. Eu provavelmente postei em duzentos *sites*, e em todos estava escrito "Podemos ajudá-la. Fale com a gente". Nunca obtive nenhuma resposta.

Finalmente, por insistência de uma amiga, ela leu um livro de um médico cuja filosofia repercutiu nela e cuja prática aconteceu em seu próprio quintal. Michelle marcou uma consulta e então iniciou um protocolo de dois tratamentos simples que, em apenas cinco dias, fizeram o que oito meses, doze especialistas e nove produtos farmacêuticos não haviam conseguido: deixá-la melhor novamente.

Com a saúde restaurada e a mente limpa, Michelle partiu para cumprir a promessa que havia feito. "Fiquei doente. Melhorei. Então fiquei LOUCA. E você não quer irritar uma mulher, porque ela vai dar o melhor de si e abrir uma empresa."

Michelle sabia em primeira mão que havia uma enorme população desatendida de mulheres que estavam se reunindo na internet com perguntas sobre saúde e bem-estar. Sabia também que o que elas estavam procurando não estava lá.

Ela pôde ver claramente o que precisava criar: um *site* rico em conteúdo e fácil de navegar, no qual essas mulheres pudessem encontrar informação, respostas e o apoio de que precisavam para fazer melhores escolhas e ter maior controle sobre a saúde e a vida – em outras palavras, o recurso exato que ela *não* teve enquanto estava doente e procurava.

A questão, é claro, era como criá-lo. Isso levou tempo, testes e erro para finalmente ser alcançado.

"SE VOCÊ CRIÁ-LO, ELAS NÃO VIRÃO"

No início, Michelle admite, ela não sabia o que estava fazendo. "Eu não era uma pessoa da internet. Não era uma pessoa da tecnologia. Não fiz faculdade. Tudo o que sabia era que tinha paixão e recursos." O que ela precisava era, como ela diz, "as pessoas certas nas cadeiras certas". Mas, como muitos empresários novos, seu instinto inicial era preencher todas essas cadeiras ela mesma.

> Achei que era tão fácil. *Ah, eu posso criar um site, não é tudo isso. Todo mundo está criando sites.* O problema é que ninguém irá visitá-lo. Você tem essa coisa chamada Google. E o Google não quer colocá-lo em uma posição hierárquica. Só porque você é uma empresa que serve mulheres, que tem boas intenções, não significa que elas vão encontrá-lo. Você precisa ter pessoas experientes em determinadas áreas da internet que possam ajudá-la a obter essa lista de que você precisa... que entendam de otimização de mecanismos de pesquisa... que possam criar conteúdo todos os dias.

Enfim, Michelle descobriu o enorme poder em um dos atos mais simples de todos: *perguntar*.

> Perguntei a alguém: "Quem pode me ajudar a fazer isso?". Contratei alguém que é meu braço direito, que realmente sabia o que estava fazendo, porque ele saiu do mundo das *startups* e da tecnologia. E foi ele quem criou o primeiro *website*.

Michelle continuou a executar sua política de perguntar até montar uma equipe de especialistas que tinha as habilidades e o conhecimento para dar vida à sua visão e fazer do EmpowHer uma presença viável na *web*. Sua paixão por perguntar se estendeu até mesmo aos detalhes do próprio *site*. Ela estava determinada a fazer com que o EmpowHer incluísse um botão "pergunte", que permitisse que as pessoas enviassem perguntas específicas e recebessem uma resposta pessoal confiável e em tempo hábil – um objetivo pelo qual ela lutava e que teve rejeições de alguns dos próprios especialistas que ela buscou para ajudá-la.

> Eles disseram: "Você não pode fazer isso. Você não pode ter um recurso de perguntas. Não é um modelo escalável". Eu não tinha experiência em negócios. Eu não ligava. Eu disse: "Não sei que diabos é um *modelo escalável*. É o que eu quero e é o que você vai fazer, porque estou pagando por isso. Então você vai descobrir".

Eles fizeram, e hoje "Faça uma pergunta sobre saúde" é a ferramenta mais popular do *site*.

DESMASCARANDO O MITO DA BALA MÁGICA

Michelle é rápida ao alertar os aspirantes a empresários a não comprarem o mito da história de sucesso instantâneo da internet. Mesmo depois de montar a equipe certa e lhe dar espaço para fazer o que faziam de melhor, demorou a conseguir levar o EmpowHer para onde precisava estar para ter a presença e o nível de impacto que ela imaginava.

> Não existe bala mágica. Não há nenhuma pílula mágica que você possa tomar para que isso funcione. Aprendi com o tempo. É um trabalho árduo e está exigindo um esforço grande e tem tudo nele... você tem que acreditar em si mesmo, acreditar no que está fazendo e acreditar na sua equipe.

Ela também aconselha aqueles que pensam em começar seus próprios negócios a serem "implacavelmente concentrados" em suas metas e objetivos. "Faça uma coisa e a faça bem. É isso. Não dez coisas. Uma coisa, e faça-a bem. Se você não fizer isso, então você não terá sucesso. Você não estará atento o suficiente."

Mais de seis anos depois, todo o trabalho árduo, o tempo investido e as lições aprendidas compensaram. O EmpowHer é um dos cinco principais *sites* de saúde feminina na *web* e um dos sete principais *sites* de saúde em geral, com dezenas de milhões de visitantes diferentes a cada mês. Michelle foi recompensada por sua visão, trabalho árduo e compromisso com prêmios, elogios e, o mais importante para ela, comentários de inúmeras pessoas em todo o mundo que dizem que o *site* que ela criou enriqueceu, melhorou e até salvou suas vidas.

A ESCOLHA DE AGIR

Michelle teve a sorte de ter lido *Quem pensa enriquece – Edição oficial e original de 1937*, de Napoleon Hill, quando jovem. Ela diz que esses princípios resistiram à prova do tempo e ficaram com ela – particularmente a insistência de Hill de que não é apenas o pensamento, mas o pensamento casado com a *ação*, que produz resultados.

"[Uma ideia] começa como uma semente no cérebro. A partir daí, você tem que decidir o que vai fazer com ela. Você vai agir sobre ela ou vai mantê-la no cérebro como uma semente? Muitas pessoas sentam e conversam. Falar é fácil. Se você quer fazer alguma coisa, levante e faça."

A escolha de Michelle de agir com a promessa que ela fez para si mesma e Deus durante suas horas mais sombrias resultou na criação de um negócio que é tudo o que ela imaginou e muito mais. Seu pensamento se tornou algo que impactou e continuará a impactar vidas das formas mais importantes e significativas imagináveis, incluindo a vida dela própria.

> "Tenho toda a paixão do mundo para garantir que nenhuma outra mulher sofra como eu sofri. É uma questão de paixão. Tenho a iniciativa e o sonho. É disso que se trata. É sobre viver o sonho."

CAPÍTULO 14

ENCONTRANDO IDEIAS, ALIMENTANDO PENSAMENTOS

Todos os intervalos de que você precisa na vida estão dentro de sua imaginação. A imaginação é a oficina da sua mente, capaz de transformar a energia mental em realização e riqueza.

– NAPOLEON HILL

Somos todos capazes de produzir ideias que podem se transformar em realidade, ou a capacidade é reservada apenas para aqueles com certos talentos ou genes?

Para Brian Smith, criador da UGG Boots, a diferença entre as pessoas que têm uma ótima ideia e a deixam escapar e quem prossegue com ela e impacta o mundo se resume em uma única palavra: *visão*.

Brian é um indivíduo altamente qualificado em encontrar oportunidades em lugares improváveis e transformá-las em grandes sucessos. Ele acredita que as ideias são abundantes – estão em todos os lugares para onde olhamos se soubermos como identificá-las, e estão prontas para explorar mesmo o menor pensamento, desejo ou ideia que desperte em nossas mentes. É um processo que ele testemunhou e experimentou várias vezes. Ele viu grandes ideias transformadas em realidade e observou como grandes ideias foram perdidas sem se tomar nenhuma providência.

A primeira vez em que ele experimentou esse fenômeno foi em uma festa barulhenta com amigos em Perth, Austrália.

> Notei que [meu amigo] Richard estava sentando sozinho, girando e girando em seus dedos o saca-rolhas da mesa de vinhos. Fiquei intrigado com o fato de ele parecer alheio ao resto de nós, então, depois de alguns minutos, entrei e perguntei o que ele estava fazendo. Surpreso, ele olhou para mim e disse: "Se eu projetasse isso, teria feito isso, e isso e isso", etc. Então ele colocou o saca-rolhas de volta e se juntou à festa.

Richard nunca entrou no negócio de saca-rolhas. Mas, como Brian observou, "a diferença entre ele e os vinte ou trinta outros que usavam o saca-rolha era que ele idealizava algo que eles não imaginavam". Essa observação ensinou

Brian a procurar, reconhecer e *agir* sobre uma oportunidade quando ela chega.

APROVEITANDO UMA FONTE SUPERIOR DE INSPIRAÇÃO

Ao criar a UGG, Brian foi guiado por uma conexão com o universo, que ele diz que sempre o orientou e, por vezes, até salvou sua vida. Com trinta anos de idade, ele teve uma carreira insatisfatória como contador, e não tinha ideia do que realmente queria fazer na vida. Um dia, enquanto escutava a música "Time", do Pink Floyd, que descreve a forma como muitas pessoas passam por suas vidas e adiam as coisas indefinidamente, ele teve uma epifania.

"Eu me sentei ereto, e meu corpo se arrepiou todo (o jeito do meu eu superior de me avisar que estou no caminho certo). Pensei em todos os meus amigos contadores que estavam buscando as cobiçadas parcerias e outros que estavam executando negócios bem-sucedidos e percebi que eu estava correndo sem sair do lugar fazia dez anos. Eu havia perdido o gatilho inicial. Escutava uma voz forte dentro de mim dizendo-me que a vida que eu vivia não estava em harmonia com o que eu realmente queria."

Por meio da *yoga*, Brian descobriu a meditação, o que ajudou a aumentar seu estado de consciência. Durante uma sessão, sua mente vagou e foi preenchida com pensamentos aleatórios sobre empresas e seus produtos. Ele percebeu que muitos dos produtos apreciados e usados por seus amigos australianos, na verdade, se originavam nos Estados Unidos. De repente, sentiu um forte chamado para vir para a América, onde ele encontraria o próximo produto bem-sucedido e o levaria de volta para a Austrália. Aquele seria seu negócio – a resposta procurada para o que ele deveria fazer com a vida dele. Menos de seis semanas depois, ele estava em Los Angeles. Menos de seis meses depois, ele havia encontrado a resposta.

Ao ler a revista *Surfer*, Brian encontrou um anúncio mostrando dois pares de pernas na frente de uma lareira acolhedora, com os pés vestidos de botas de pele de carneiro. Ele observou que tudo no anúncio estava absurdamente fora de lugar em uma revista publicada no sul da Califórnia e dedicada ao surfe, palmeiras, meninas de biquíni, praias, pernas nuas e pés descalços.

"O anúncio gritou para mim, 'você vai ser um enorme sucesso!' Eu estava na Califórnia havia menos de seis meses, e aqui estava o meu futuro olhando para mim pelas páginas da *Surfer*."

Ele mostrou o anúncio a um amigo, que respondeu que não tinha entendido. "Botas", ele disse, "Quem usa botas?"

"Exatamente", Brian respondeu. Ninguém na ensolarada Califórnia! Botas de pele de carneiro eram usadas na Austrália, onde as ovelhas superam as pessoas em número. Mas não havia botas de pele de carneiro na América. Ele argumentou que, mesmo se 0,5% de de todos os americanos comprassem botas de pele de carneiro e ele fosse o único a vendê-las, ficaria rico.

> A voz dentro de mim estava certa o tempo todo. O problema era que eu tinha recebido a mensagem ao contrário! O meu destino não era vir para a América, encontrar a próxima grande coisa e levá-la de volta para a Austrália. A próxima grande coisa já estava na Austrália. Meu destino era trazê-la para a América, onde eu seria muito e imediatamente bem-sucedido.

A grande resposta já estava lá – ele simplesmente não a tinha visto ainda.

O VALOR DA IGNORÂNCIA

> Essa visão de sucesso é típica do otimismo cego compartilhado pela maioria das pessoas durante o momento "aha", quando elas concebem o seu novo sonho. Acredito que, para um verdadeiro

empreendedor, algum grau de ignorância é um ingrediente-chave para o sucesso. Se você soubesse de todos os obstáculos que você enfrentaria, nunca começaria...

Esse foi o caso de Brian.

Eu ignorava totalmente o fato de que os americanos tinham pouco conhecimento dos atributos incríveis da pele de carneiro: áspera, respirável, lavável e, sobretudo, confortável. Para eles, era quente, suada, espinhosa, delicada e boa para jaquetas e luvas, e não calçados. Para os australianos, as ovelhas são um fato tão central da vida que é quase impossível passar o dia sem algum tipo de dependência delas. Se eu tivesse percebido esse choque cultural no início, provavelmente teria deixado a revista de lado e voltado a sonhar em esquiar nas encostas gramadas da Austrália.

O primeiro passo de Brian foi entrar em contato com a empresa que colocou o anúncio na *Surfer*, a Country Leather, na Austrália ocidental, para obter algum tipo de acordo exclusivo para vender seus produtos nos Estados Unidos. Ele ligou imediatamente e falou com o dono da Country Leather, George Burcher, que lhe disse que tinha tido muitos pedidos de americanos que queriam distribuir suas botas.

Brian percebeu que teria que fazer com que Burcher se convencesse de que ele era o cara certo.

> Eu disse a ele que, como ele, eu era um australiano do oeste, de Perth, e que eu era um contador que queria começar meu próprio negócio. Disse a ele que eu tinha participado dos campeonatos nacionais de Windrush Surfcat (regata) em sua cidade natal, Albany, e relatei qualquer outra coisa da trivialidade australiana que eu pudesse pensar, para tentar criar um vínculo entre nós.

Por fim, Brian obteve o consentimento da Country Leather e foi trabalhar testando o mercado. O resto, como dizem, é história. Em meados da década de 1980, as UGG Boots eram um ícone de moda nos Estados Unidos. Hoje elas são um item importante do guarda-roupas de pessoas de todas as idades, de costa a costa.

Essa história sensacional de sucesso é o resultado direto de um pensamento – ou, mais apropriadamente, uma tomada de ação a partir de um pensamento. Nem todos olhariam para um anúncio de botas de pele de carneiro e imaginariam que adornassem os pés dos californianos do sul – todos nós temos diferentes tipos e níveis de criatividade. Como Brian conseguiu pegar um produto existente e pensar em uma maneira diferente de comercializá-lo ou usá-lo?

Pensar é uma coisa muito pessoal. Há tantos tipos de pensamento; é difícil de definir. Existe um pensamento negativo e positivo. Pensamento rápido e lento. Pensamento certo e errado. Ousado e conservador. Até certo ponto, usamos todos os acima para chegar até onde estamos em nossas vidas, e o que esse lugar parece é a soma de todos os nossos pensamentos combinados. Mas cheguei à conclusão de que meus melhores pensamentos chegam quando minha intenção não é pensar. Não consigo dizer quantas vezes fiquei preso a um problema, ou faltava direção, ou mesmo procurava inspiração, quando a resposta veio através da meditação.

Costumo definir alguma intenção antes de relaxar e tenho caneta e papel por perto, mas então me sento quieto (em nenhum local específico – eu tive alguns pensamentos ótimos em aviões) e me esforço ao máximo para não pensar. Muitas vezes, não vem nada, mas, na maioria das vezes, tenho ideias que parecem inspiradas, e, para mim, esses são os pensamentos mais puros. Estou convencido de que existe uma inteligência no universo que todos podemos aproveitar, se praticarmos. Muitas pessoas só ouvem isso em tempos de desespero, quando parecem ter atingido o fundo, quando o canal humano do pensamento está esgotado. Mas esse estímulo está sempre lá para dizer palavras de encorajamento e dar um novo pensamento ao buscador genuíno.

CAPÍTULO 15

PREPARANDO O TERRENO PARA O SUCESSO

Mais ouro tinha sido extraído da mente dos homens do que da própria terra.

– NAPOLEON HILL

A mesa é o lugar de encontro icônico, o símbolo final da união, conexão e comunidade. É onde os amigos se encontram para conversar, trocar conselhos, e as famílias se juntam para compartilhar risadas, sonhos, medos, pensamentos e ideias. A mesa tem sido o centro de entretenimento e recreação em nossas vidas pessoais e em nossa vida profissional.

O empresário Rob Angel encontrou uma maneira de transformar a diversão e a sociabilidade da mesa em um sucesso surpreendente. E desde o início, ele reuniu os outros em torno de sua própria "mesa" – pessoas que o ajudaram a completar, testar e aperfeiçoar sua ideia e criar um negócio a partir dela. Na verdade, seria possível dizer que seu produto e ideia surgiram de uma mesa perfeita.

O QUE VOCÊ DESCONHECE PODE AJUDÁ-LO

Hoje Rob é um empreendedor de sucesso fenomenal, criador do amado jogo de tabuleiro Pictionary. Mas em 1985, era um garçom em dificuldades. Durante a calmaria, ele passava o tempo escolhendo palavras aleatórias do dicionário, desenhando uma imagem que as representasse e fazendo com que outros adivinhassem a palavra. Seus colegas adoraram, e o que começou como uma maneira de passar o tempo entre turnos no trabalho logo evoluiu para uma ideia maior.

Mas Angel sabia o que ele não sabia. Para atrair a publicidade e o interesse necessários para tornar Pictionary um nome familiar, ele precisava de ajuda. Primeiro, precisava de dinheiro para imprimir seu jogo de tabuleiro. Crédito familiar por meio de um empréstimo de um tio lhe forneceu os fundos para fazer milhares de jogos impressos.

Angel tinha três parceiros de negócios: seu tio, que era seu assessor financeiro; um *designer* gráfico, que desenhou os cartões e o tabuleiro; e um parceiro de negócios, que compensou o fato de ele ser – ele mesmo admitia – "um empresário incrivelmente médio". Juntos, Angel os considerava a equipe dos sonhos, proporcionando-lhe a experiência de que ele carecia em diferentes áreas. Ele também aproveitou a sabedoria de um cavalheiro que fez todas as impressões para o megapopular jogo de tabuleiro Trivial Pursuit.

A vontade de Angel de trazer outros que poderiam preencher suas lacunas de conhecimento, experiência e perícia desempenhou um papel importante em seu sucesso final. Ele também acreditava em seu produto. "Anos depois, as pessoas me disseram que achavam que eu estava louco, mas nós continuamos conectados. Sabíamos desde cedo que tínhamos algo especial e nunca mais olhamos para trás."

No entanto, seu sucesso exigiu trabalho – não aconteceu do dia para a noite. "Nós fizemos centenas e centenas de demonstrações, e abordamos varejistas de Seattle para vender um punhado de jogos por vez." As lojas de departamento tornaram-se seus maiores clientes, e um pedido de 167 jogos feito pela Nordstrom abriu o caminho para o sucesso do Pictionary.

No início de 1986, a equipe de Rob licenciou seu jogo e iniciou sua própria empresa de jogos. Em 2001 o Pictionary foi tão bem-sucedido e popular que atraiu ofertas de grandes empresas de jogos e foi vendido para a Hasbro.

A TERCEIRA MENTE

O jogo que milhões jogaram ao redor da mesa foi bem-sucedido por causa da assistência, do suporte e de conselhos que foram recebidos de outros com experiência e visão para torná-lo possível. Napoleon Hill se referiu a esse tipo de colaboração como o grupo de MasterMind, e ele o valorizou tão plenamente que o consagrou como um dos seus treze princípios.

Hill definiu um MasterMind como "uma coordenação de conhecimento e esforço, em um espírito de harmonia, entre duas ou mais pessoas, para a realização de um propósito definido".

A visão de Hill do MasterMind veio de ninguém menos que Andrew Carnegie, o magnata do aço que se juntou a outros por um propósito: criar o império do aço. Como Hill descreveu,

> O grupo de MasterMind do Sr. Carnegie era composto por uma equipe de cerca de cinquenta homens, por quem ele era cercado, pelo PROPÓSITO DEFINIDO de fabricação e comercialização do aço. Ele atribuiu toda a sua fortuna ao poder que acumulou por meio desse "MasterMind".

Você pode, sem perceber, já ser parte de um grupo de MasterMind em andamento. Tais grupos incluem conselhos de administração, conselhos consultivos, mentores, parceiros financeiros e comerciais, ou mesmo empreendedores de mentalidade semelhante com quem você se conecta e troca ideias regularmente.

Seja qual for o nome do seu grupo, por mais membros que contenha, os benefícios são inegáveis. Um grupo de MasterMind pode:

- Contribuir com novas ideias e dar-lhe importantes pareceres.
- Aumentar imediatamente suas redes e conexões existentes, multiplicando o número de pessoas que podem ajudar em diferentes aspectos do seu negócio ou plano.
- Abrir a porta para parcerias com pessoas de empresas similares que tenham experiência inestimável para compartilhar.
- Fornecer informações relevantes e rápidas que, de outra forma, levariam anos, ou décadas, para adquirir por conta própria.
- Mantê-lo focado no caminho certo e responsável à medida que se esforça para transformar seus pensamentos e ideias em um negócio bem-sucedido.

Não há como negar o valor de um grupo de MasterMind para um empreendedor aspirante e inexperiente como Rob Angel. Mas eles desempenham um papel viável no sucesso contínuo dos empreendedores estabelecidos também. O autor J. R. R. Tolkien juntou-se a Charles Williams, Owen Barfield e C. S. Lewis para criar um grupo de MasterMind de escritores que, juntos, o ajudaram a criar *O Senhor dos Anéis*. Um dos grupos de MasterMind mais famosos da história se chamava Vagabonds. Seus membros incluíam Henry Ford, Thomas Edison, o residente Warren Harding e Harvey Firestone, da Companhia de Pneus Firestone.

As pessoas que se reúnem em torno de sua mesa criam coletivamente outra voz, que o Dr. Hill descreveu como uma terceira mente: "Não há duas mentes juntas sem se criar uma terceira força invisível e intangível que pode ser comparada a uma terceira mente".

Sua capacidade de criar coisas no mundo é aumentada por ter essa "terceira mente" invisível do grupo de MasterMind. Se o grupo é montado para ajudar um indivíduo ou uma ideia específica, como o Pictionary de Rob Angel, ou para ajudar todos os membros do grupo a aprimorar seu sucesso e desenvolver seus negócios, uma equipe de profissionais com diferentes habilidades, talentos, ideias, experiência e perspectivas é um ativo para o negócio.

Rob Angel fez do seu gênio criativo um nome familiar com a ajuda dos outros. Ele precisava de apoio financeiro, habilidades que ele não tinha e perícia em áreas que ele não dominava. Ele tinha consciência do que ele não sabia, e não tentava fazer as coisas sozinho. Ao reconhecer e aceitar o que ele precisava para tornar seu sonho realidade, depois sair e encontrar essas coisas, criou uma equipe que transformou o seu jogo de desenho em uma propaganda de grande sucesso – prova de que grandes ideias podem ser criadas por uma pessoa só, mas grandes sucessos são criados por muitas.

Na próxima vez que se juntar ao redor da mesa, toque no poder que está em volta de você. Procure informações e comentários de amigos e familiares, conselhos de profissionais, ideias e novas perspectivas além da sua. Quando você sabe o que não conhece e se volta para os outros para obter seu apoio inestimável, as portas se abrem, as ideias são expandidas e o sucesso é acelerado.

Com as pessoas certas ao seu redor, seus pensamentos se tornarão realidade muito mais rápido e fácil, e você também pode criar um sucesso perfeito.

CAPÍTULO 16

OS DENOMINADORES COMUNS DO SUCESSO

Crie um plano definido para realizar seu desejo e comece de uma vez, esteja você pronto ou não para colocar esse plano em ação.

– NAPOLEON HILL

A pessoa comum vai gastar em qualquer lugar de cinquenta a noventa mil horas trabalhando durante a vida. Isso é muito tempo para investir se você realmente não gosta do que está fazendo.

Uma das maiores revelações de Napoleon Hill foi a importância crítica de encontrar a realização e a recompensa por seu trabalho. A maioria das pessoas quer saber se seu trabalho é estimado. Mais ainda, querem saber se estão fazendo a diferença – se sua contribuição cria um benefício real, seja para um empregador, empregado, cliente ou sociedade. Como Hill compreendeu, e como os empresários representados neste livro enfatizaram repetidamente, *aquela* é a fonte das verdadeiras "riquezas", e a maioria das pessoas que a perseguem descobre que é o pré-requisito para o sucesso financeiro, não o resultado disso.

Como o Dr. Hill, a Dra. Myra S. White também estudou o impacto dos pensamentos sobre o sucesso. A Dra. White é instrutora de medicina em psiquiatria da Faculdade de Medicina de Harvard e ensina liderança e gerenciamento estratégico de talentos na Escola de Extensão de Harvard. Como Hill, ela pesquisou e entrevistou pessoas bem-sucedidas na tentativa de identificar pontos comuns entre elas. Seu trabalho se concentra na execução de pensamentos — as ações que as pessoas bem-sucedidas tomam para transformar pensamentos em realidade. Ao conduzi-lo, ela escolhe se concentrar em pessoas que priorizam ativamente o tipo de contribuição positiva que se alinha com a definição de riqueza de Hill.

> Não estou interessada em quem são as pessoas, como elas parecem, ou em suas personalidades, mas apenas no que fazem para transformar o pensamento em realidade. Só seleciono pessoas para estudar quem age com integridade e se esforça para fazer uma diferença positiva no mundo,

> agregando valor à vida dos outros por meio de seus produtos ou atos para melhorar a qualidade da vida das pessoas.

A Dra. White se interessou por essa pesquisa por volta da virada do milênio, quando descobriu que sua carreira estava, em suas palavras, "indo a lugar nenhum". Ela concluiu doutorado em psicologia na Faculdade de Artes e Ciências da Universidade de Harvard e fez direito na Escola de Direito de Harvard. Embora isso a colocasse em um grupo pequeno e seleto de pessoas no mundo, ela nunca descobriu como otimizar sua educação de uma maneira que permitisse que ela usasse e expressasse completamente sua experiência e perícia. Como muitas pessoas, ela queria fazer um trabalho significativo e dar uma contribuição positiva para o mundo à sua volta. Em vez disso, parecia estar presa a uma série de trabalhos sem fim e sem saída para lado nenhum.

Isso a levou a começar a olhar para trás na carreira para descobrir o que havia acontecido com o que parecia ser um início promissor.

> Conforme eu contemplava meu caminho, começava a perceber que não tinha ideia de como ter sucesso no local de trabalho americano. Vim para os Estados Unidos ainda criança, da Inglaterra. Meu pai morreu antes de eu nascer, e minha mãe

> decidiu se casar novamente com um britânico que vivia nos Estados Unidos e que gerenciava um parque estadual, onde nos instalamos. Meus pais nunca foram aculturados, e eu essencialmente fui criada para ser uma aluna inglesa adequada. Os adultos que visitavam nossa casa eram principalmente parentes e conhecidos ingleses que estavam viajando pelos Estados Unidos. Além disso, ninguém estava nem sequer remotamente interessado no sucesso, na realização pessoal, nem em ganhar muito dinheiro.

Seu primeiro vislumbre do mundo americano de sucesso e conquista pessoal veio quando ela conheceu seu marido, aos dezenove anos. "Um americano experiente, ele percebeu que nasci para coisas maiores do que apenas um curso de graduação e se tornou o engenheiro de meu sucesso acadêmico. Ele me ensinou a escrever simples sentenças em inglês americano, como ser admitida em escolas superiores e então prosperar como aluna."

Infelizmente, antes de poder iniciar sua carreira no mundo real, seu marido morreu tragicamente de câncer. Sem sua orientação, White ficou perdida. Sua promissora carreira essencialmente evaporou.

Esses pensamentos originaram nela uma missão para descobrir como as pessoas atingem sucesso e se tornam líderes influentes em sua área de atuação. "Eu queria saber quais são os principais passos que as pessoas dão para criar seu sucesso. Como traduzem seus pensamentos e desejos em ação efetiva? Meu objetivo era identificar essas etapas, não só para criar oportunidades para mim, mas também para ajudar outros no mundo que estão lutando para descobrir quais ações devem tomar para atingir seus objetivos e realizar seus sonhos."

Como parte dessa missão, a Dra. White examinou a vida de mais de oitenta pessoas altamente bem-sucedidas, procurando temas comuns e padrões de ação, e escreveu dois livros com base em suas descobertas. "Não me limito a uma profissão. Estudo empresários, médicos, CEOs, atletas, escritores, apresentadores, políticos e muitos outros." O que ela descobriu foi que, apesar de seus diferentes antecedentes, experiências e áreas de especialização, todos esses empreendedores de alto nível tomaram um conjunto comum de etapas ou séries de ações – cada uma das quais é evidente nas histórias dos empresários que você conheceu nas páginas anteriores.

De acordo com a Dra. White, as pessoas altamente bem-sucedidas estão unidas por sua capacidade de:

1. **Identificar seus pontos fortes e aceitar suas fraquezas.**

Em vez de lamentar suas fraquezas, elas se concentram em desenvolver o que fazem melhor e depois buscam áreas em que esses pontos fortes farão a diferença. Ou seja, trabalham suas forças e encontram outras pessoas para fazer as coisas que elas fazem mal. Richard Branson, fundador britânico do grupo de negócios Virgin, é disléxico e mal terminou o ensino médio. Logo que começou seu primeiro negócio, percebeu que era terrível com números, então recrutou seu melhor amigo, Nik Powell, para administrar o dinheiro.

2. **Encontrar e seguir sua paixão.**

O sucesso exige milhares de horas de esforço concentrado. Se você não é apaixonado pelo que faz, nunca estará disposto a dar o tempo e o esforço necessários. Pessoas bem-sucedidas são sempre apaixonadas pelo que fazem. Para elas, o que fazem não é "trabalho". Em vez disso, é uma das maneiras mais eficazes de poder passar seu tempo.

3. **Começar com um pensamento pequeno.**

A maioria das pessoas que estudei não começou com grandes planos para construir um império ou mudar o mundo. Começaram com pequenas intenções que cresceram e mudaram conforme conseguiram. Sam Walton, que fundou o Walmart, inicialmente queria apenas construir uma loja de varejo bem-sucedida em uma pequena cidade do Arkansas, que forneceria às pessoas da região bens de que elas precisavam, por um preço razoável.

4. **Superar as expectativas.**

Apesar dos nossos talentos, todos temos esforços à nossa disposição. Sempre podemos fazer mais quando a situação o exige. Isto é o que as pessoas de sucesso fazem. Esforçam-se mais quando precisam. Margaret Thatcher, primeira e, até então, única primeira-ministra da Grã-Bretanha, ficou conhecida pela extensa preparação que fez para seus debates na Câmara dos Comuns. Ela sempre era capaz de afogar seu adversário com uma fúria de fatos que o deixava totalmente sem reação.

5. **Fazer-se visível.**

Nós achamos que, se trabalharmos duro e fizermos um bom trabalho, o sucesso virá. Não é o bastante. Estou sempre espantado com todas as superestrelas escondidas neste mundo que trabalham duro e fazem um ótimo trabalho. Eu as vejo em todos os lugares.

Elas olham para mim no supermercado, na oficina do meu carro ou me ajudam pelo telefone com um problema de atendimento ao cliente. Infelizmente, a maioria dessas pessoas é subestimada e não recompensada por seus talentos, porque ninguém percebe. Os gerentes e as pessoas no poder tendem a notar pessoas abaixo delas apenas quando algo dá errado. As pessoas que se tornam bem-sucedidas superam isso ao encontrar maneiras de serem reconhecidas pelo bom trabalho que fazem. Para fazer isso, elas aproveitam as oportunidades que lhes dão a chance de mostrar às pessoas de alto nível que podem abrir portas para elas pelo que podem fazer.

Quando Jack Welch chegou pela primeira vez à General Electric, ele era apenas uma das muitas novas contratações, e seu chefe não estava particularmente impressionado com ele. Quando o chefe do chefe de Jack lhe pediu para fazer uma análise da propriedade física e do custo de seu novo plástico, ele aproveitou a oportunidade para se tornar visível fazendo muito mais do que lhe fora solicitado. Ele não apenas analisou o custo e a propriedade física do plástico. Ele também o comparou aos plásticos concorrentes no mercado. O chefe de seu chefe ficou tão impressionado que se tornou seu mentor e iniciou sua jornada para se tornar CEO da GE.

6. **Pedir ajuda a outras pessoas.**

Ninguém é bem-sucedido sozinho. Atrás de cada pessoa bem-sucedida, há um grupo de pessoas que o ajudou a ter sucesso. Foi ideia de Paul Allen começar a Microsoft porque acreditava que um dia todos teriam um computador pessoal em casa. Ele teve que convencer Bill Gates a sair da escola e se juntar a ele. Similarmente, Steve Jobs também teve ajuda. Ele não montou o primeiro computador da Apple. Steve Wozniack o fez. Steve Jobs foi aquele que fez um enorme esforço necessário para vendê-lo e encontrar um nicho de mercado, mas nunca poderia ter feito isso sem o brilhantismo em eletrônica de Steve Wozniak.

7. **Assumir riscos.**

Tendemos a ser criaturas de hábitos porque o hábito abastece nossas vidas com previsibilidade e uma sensação de que temos controle delas. Esse é um dos principais motivos pelos quais as pessoas se apegam a seus pensamentos e não os traduzem em ações, porque as ações sempre têm um elemento de risco. Pessoas bem-sucedidas estão dispostas a assumir esses riscos. Isso não significa que elas enfrentem riscos tolos que têm poucas chances de sucesso. Em vez disso, elas encaram riscos calculados – aqueles que têm chances razoáveis de sucesso.

8. **Gerenciar o fracasso.**

   Pessoas bem-sucedidas não têm medo do fracasso. Para elas, é apenas um comentário ou um problema que deve ser resolvido. Quando ocorre uma falha, elas enfrentam, aceitam e, em seguida, agem da melhor maneira possível com base nas circunstâncias. J.K. Rowling estava recebendo auxílio do governo quando escreveu o primeiro livro de Harry Potter e afirmou que se considerava "o maior fracasso que conhecia", mas isso não a deteve. Ela continuou escrevendo. Em outros casos, pessoas bem-sucedidas fazem uma reviravolta quando falham. Depois que Sam Walton descobriu que não poderia renovar seu contrato de arrendamento de sua primeira loja de varejo porque fora tão bem-sucedido que o proprietário queria esse sucesso para seu filho, ele não perdeu tempo lamentando o destino. Em vez disso, fez as malas e começou em outra cidade.

Dos inúmeros homens e mulheres que exibiram esses traços e cujas vidas são um testemunho de sua eficácia, um dos mais famosos é Abraham Lincoln, 16º presidente dos Estados Unidos. Ao implementá-los, ele conseguiu subir para a posição mais alta do país e viver uma vida rica e completa.

Ele também mudou o curso da história humana. Abraham Lincoln conhecia seus pontos fortes e fracos. Ele teve que se esforçar para aprender e foi autodidata. Tornou-se advogado e, de forma geral criou algum nível de riqueza nessa carreira. Poderia ter parado aí e ser considerado um "sucesso". Ao invés disso, usou a visibilidade e a experiência que ganhou nessa posição para ir atrás de seu verdadeiro interesse: a política. Em março de 1832, Lincoln fez campanha para a Assembleia Geral de Illinois, mas perdeu. Em 1858, concorreu para o Senado, mas perdeu novamente. Ele também perdeu a nomeação da Convenção Nacional Republicana para vice-presidente dos Estados Unidos em 1856. Nessa época, já se sabia bem que Lincoln era contra a escravidão – o que se tornaria a marca de sua presidência e seu legado. Não deixando o fracasso atravessar seu caminho, continuou a perseguir a carreira política e a expressar suas crenças. Finalmente, em 1858, Lincoln foi eleito para o Senado dos Estados Unidos.

O resultado das ideias de Lincoln foi a abolição da escravidão. Ao agir ele transformou monumentalmente os Estados Unidos e a vida de cada pessoa a partir daquele dia. Imagine a grande perda que o país teria sofrido se ele deixasse que não uma, nem duas, mas várias derrotas e desvantagens o impedissem de chegar a seu objetivo.

Você também tem esse potencial. Você também é capaz de transformar sua vida e a vida dos outros usando o poder magnífico com o qual você nasceu: o poder do pensamento. Os pensamentos têm sido caracterizados como tendo pouco valor. As pessoas oferecem "um centavo por seus pensamentos". A ironia desses clichês é que nossos pensamentos têm um valor muito além da medida – *se* agirmos para torná-los realidade. As maiores riquezas que você vai adquirir virão até você através de seus pensamentos, das suas ações e dos resultados que essas ações geram.

As estratégias e as técnicas de realização escritas por Napoleon Hill em *Quem pensa enriquece – Edição oficial e original de 1937* foram absorvidas e aplicadas por todos os empreendedores neste livro. Os sucessos deles provêm dos pensamentos e ações de Hill e também deles próprios, assim como os sucessos daqueles que eles, por sua vez, inspiraram... e assim por diante. O efeito dominó de *Quem pensa enriquece – Edição oficial e original de 1937* vem crescendo há um século, provando que o que começa em nossas mentes tem potencial para influenciar e transformar vidas para sempre.

O impacto que você pode fazer no mundo será tão grande ou pequeno quanto os pensamentos que você está tendo. Então pense *espetacularmente*... aja *agora*... escreva sua própria história de sucesso e mantenha o efeito dominó em andamento.

AGRADECIMENTOS

Agradecimentos especiais para o meu grupo pessoal de MasterMind, que participou desta jornada.

Vocês são verdadeiramente um em um milhão.

Obrigado por tudo que vocês fazem para tornar este mundo um lugar mais brilhante.

Allyn Reid, Amelia Cai, Angie Fong, Ben Eisenburger, Diane Bacchus-Quddus, Fabian Tan, Farzan Rajput, Hilliard Goldwyn, Jill Voss, Joan Magill, Lori Taylor, Michael Drew, Nahaz Quddus, Richard Barrier, Sandi Shanner, Dave Michael, John Rodgers e Matt Wolcott.

- Greg. S. Reid

SOBRE OS AUTORES

Para milhões de pessoas em todo o mundo, o nome **Bob Proctor** é sinônimo de sucesso. Muito antes de seu papel no filme *O segredo*, que o colocou no reino do estrelato, ele já era uma figura lendária no mundo do desenvolvimento pessoal. Suas ideias, inspirações, intuições, sistemas e estratégias são a motivação que fez muitas vidas mudarem – o empurrão que impulsionou carreiras, epifanias pessoais, despertares internos e a criação de fortunas de milhões de dólares em todo o mundo.

Bob é o herdeiro do legado da ciência moderna do sucesso que começou com o financista e filantropo Andrew Carnegie. O grande desafio de Carnegie proposto ao jovem repórter Napoleon Hill para estabelecer uma fórmula para o sucesso alimentou a criação do renomado livro de Hill *Quem pensa enriquece – Edição oficial e original de 1937*. Ao descobrir esse livro aos vinte e seis anos de idade, a vida de Bob mudou em um instante, levando-o em sua própria busca pelos segredos do sucesso. Essa busca levou-o a Earl Nightingale, o famoso "Orientador de Desenvolvimento Pessoal", e seu parceiro de negócios Lloyd Conant, que logo se tornou um dos colegas e mentores de Bob. Hoje Bob continua a construir e espalhar os ensinamentos notáveis desses gigantes.

Como palestrante, autor, consultor, *coach* e mentor, Bob Proctor trabalha com entidades empresariais e indivíduos em todo o mundo, incutindo neles não apenas os fundamentos mentais do sucesso e a motivação para alcançá-lo, mas também as estratégias acionáveis que os capacitará a crescer, melhorar e prosperar no mundo atual e em constante mudança. Por meio do Instituto Proctor Gallagher, Bob, juntamente da cofundadora, presidente da empresa e CEO, Sandra Gallagher, e de suas equipes, ensinam princípios, estratégias e fundamentos que ajudam pessoas e organizações a criarem os resultados que querem na vida... resultados que *ficam*.

Greg S. Reid–, autor de *best-seller*, aclamado orador, cineasta e mestre contador de histórias – é um empreendedor natural conhecido por seu espírito de doação e por ter um talento especial para traduzir situações complicadas em conceitos simples e fáceis de entender.

Como fenômeno de tomada de ação, a estratégia se transforma em resultados rápidos e furiosos, e as relações são profundas e ricas no espaço que ele orbita.

www.BookGreg.com

Publicado em mais de 45 livros, 28 *best-sellers*, cinco filmes e apresentado em inúmeras revistas, Greg compartilha que as lições mais valiosas que aprendemos também são as mais fáceis de aplicar.

Recentemente, Greg foi selecionado pela The Napoleon Hill Foundation para ajudar a continuar o ensino encontrado na bíblia de realização pessoal *Quem pensa enriquece – Edição oficial e original de 1937*.

Seu último filme, *Wish Man* (Desejo do homem), apresenta a história real da vida de Frank Shankwitz (fundador da Make-A-Wish Foundation*), em que o desejo de um menino inspira um homem a mudar o mundo.

* Retratada em *Stickability, The Power of Perseverance.*

A vida de Greg, um jovem empresário de San Diego, está desmoronando. Após ser abandonado pela namorada e ver seus negócios não darem certo, ele está a um passo de desistir de tudo. Até que um encontro inesperado muda o curso da sua história para sempre, e de maneira surpreendente. Um século atrás, Napoleon Hill começou a pesquisa que acabou resultando em seu extraordinário best-seller Quem Pensa Enriquece – edição oficial e original de 1937, com mais de 110 milhões de cópias vendidas em todo o mundo. O livro inspirou gerações de homens e mulheres a transformar seus sonhos em realidade com seus princípios sábios e eficazes de automotivação, liderança, serviço e realizações selecionados das entrevistas que Hill fez com visionários de sua época. Agora, cem anos depois, A Três Passos do Ouro apresenta os princípios-chave do best-seller revolucionário por meio de uma alegoria de negócios notável, contando a história de como esse jovem empreendedor, até então em dificuldades, consegue refazer os passos de Hill após um encontro fortuito com um poderoso empresário, que o coloca em uma jornada pessoal desafiadora, de crescimento espiritual e financeiro. Na medida em que você acompanhar os passos de Greg, ao longo de uma série de encontros com alguns dos mais importantes líderes empresariais e figuras inspiradoras da atualidade que mudaram a vida dele, você encontrará incentivo e motivação para acreditar em si mesmo, descobrir sua própria Equação de Sucesso Pessoal e nunca mais desistir. Você está apenas a três passos do ouro!

Os textos perdidos de Napoleon Hill o farão encontrar o sucesso definitivo Napoleon Hill tem inspirado as pessoas a alcançarem o seu melhor há mais de oitenta anos. Ele foi o primeiro e mais famoso autor motivacional de todos os tempos e, de fato, os autores de autoajuda mais bem-sucedidos da atualidade devem muito à sabedoria perspicaz de Hill, incluindo algumas de suas melhores ideias. Agora, as Regras de Ouro: os textos perdidos apresentam os artigos que Napoleon Hill escreveu entre 1919 e 1923, que deram início a tudo. Nunca antes coletados em forma de livro, esses artigos apresentam lições de sabedoria de valor inestimável, as quais são tão aplicáveis hoje quanto eram há quase um século. Com base em entrevistas com magnatas famosos que saíram da miséria e alcançaram a riqueza, como Carnegie, Ford e Edison, eles revelam caminhos comprovados e eficazes para o sucesso que realmente funcionam para qualquer pessoa - ontem, hoje e amanhã. Estes textos agradáveis e empolgantes são repletos de inspiração e motivação, e oferecem uma visão atemporal sobre tópicos fundamentais como o poder da sugestão, construção da autoconfiança, uso da persuasão versus força e a lei da atração. Se essas ideias soam familiares, adiantamos que são. Os escritores motivacionais da atualidade vêm ajustando e reformulando as ideias de Hill por décadas, mas a fonte original continua sendo a melhor.

Quem Pensa Enriquece é baseado no resultado de mais de 20 anos de estudo e análise de indivíduos que acumularam fortunas pessoais.

Napoleon Hill estudou os hábitos de 16 mil pessoas, entre elas 500 milionários e os homens mais ricos de sua época, e chegou às "leis" que devem ser aplicadas para a conquista do sucesso.

Quem Pensa Enriquece condensa essas leis dando a você os 13 princípios na forma da "Filosofia da Conquista". Mark Hansen, disse que o tempo mostrou que duas das leis/princípios possuem especial importância:

1) O princípio da Mastermind (Mente Mestra) e

2) A necessidade de um Objetivo Definido.

O livro afirma que desejo, unido à fé e à persistência, pode levar o indivíduo a realizar qualquer feito, desde que este possa se livrar de pensamentos negativos e manter o foco em seu objetivo.

Napoleon Hill, o lendário autor dos clássicos best-sellers Quem pensa enriquece e Mais esperto que o diabo, foi imortalizado por suas contribuições ao gênero de desenvolvimento pessoal. Neste trabalho inédito, Hill compartilha hábitos-chave que fornecem a base para o sucesso de mudança de vida. Hábitos dos milionários explica as regras fundamentais que constroem uma vida próspera e revisita conceitos já consolidados de Hill, porém de uma maneira totalmente nova e aplicada para a sua rotina.

"Preciso fazer um alerta: se você acha que Hábitos dos milionários é só mais um dos vários livros de autoajuda que existem por aí, você está completamente enganado. Este livro, diferente dos outros, é o fruto de um estudo real, de muitos anos atrás, e que conseguiu com êxito identificar os hábitos que fazem parte do dia a dia das pessoas de sucesso.

O que ele propõe não é uma criação, mas algo ainda mais valioso: ele propõe a comprovação de que as pessoas mais bem-sucedidas do mundo têm os mesmos hábitos – e propõe lhe ensinar quais hábitos são esses". – TIAGO NIGRO

Originalmente uma série de palestras de rádio em Missouri, este livro é repleto de insights e histórias pessoais e é escrito em um estilo conversacional acessível. Os insights de Hill se aplicam a todas as facetas da vida, inspirando os leitores a alavancar seus princípios para alcançar suas próprias aspirações e criar as vidas de sucesso com que sempre sonharam.

Unidos Somos Um

O *site O Segredo* é um dos maiores portais de desenvolvimento pessoal do Brasil. Há mais de cinco anos, inspira milhões de pessoas todos os dias a despertarem sua consciência e a conquistarem, por meio de seu poder pessoal, as vidas que desejam para si mesmas.

Nossa missão é levar aos leitores conteúdos de qualidade, que incentivem a disseminação da positividade, do pensamento e da ação enquanto elementos transformadores da realidade humana.

Compreendendo que, na raiz de todas as transformações, estão os pensamentos, trabalhamos em nossos textos temas como Lei da Atração, Espiritualidade e Gratidão, que ensinam como usar nossas mentes a nosso favor e despertam em nossos leitores o desenvolvimento de perspectivas mais amplas sobre a vida, ajudando-os a fazerem as mudanças que desejam com motivação e resiliência.

Conquistamos a confiança de muitos leitores, desde o início de nosso projeto, e muitos deles contribuem com suas experiências pessoais para a nossa missão. Esses parceiros são nossos colunistas, que em 2018 somam mais de novecentos.

Estamos presentes também nas redes sociais, onde diariamente postamos nossos textos e mensagens de inspiração e motivação na forma de imagens que incentivam a reflexão e a evolução pessoal de forma leve e interativa.

Todos os dias buscamos novas maneiras de iluminar as vidas de nossos leitores, e estamos esperando por você. Acompanhe-nos e faça parte desse grande círculo do bem.

Unidos Somos Um!